Come Smettere di Pensare Troppo

Strategie efficaci per eliminare definitivamente la ruminazione mentale, sconfiggere i pensieri ossessivi e godere di una pace interiore duratura.

Di Paolo Marini

CAPITOLO 1: INTRODUZIONE AL SOVRAPPENSIERO

Il sovrappensiero, o ruminazione mentale, si manifesta quando la mente si aggancia ripetutamente a pensieri, preoccupazioni, e scenari negativi, rigirandoli senza sosta. Questo processo mentale può essere debilitante, in quanto spesso porta a una spirale di ansia e stress che sembra inarrestabile. Comprendere la natura del sovrappensiero è il primo passo per poterlo affrontare efficacemente e trasformarlo da nemico inutile a possibile alleato nella risoluzione dei problemi.

A differenza del sovrappensiero, il pensiero produttivo è uno strumento mentale costruttivo. Mentre il sovrappensiero si blocca su paure e preoccupazioni, rallentando il nostro benessere emotivo e la nostra capacità di agire, il pensiero produttivo si focalizza sulla ricerca di soluzioni e sulla riflessione costruttiva. Ad esempio, di fronte a un problema lavorativo, un approccio produttivo potrebbe includere la mappatura di potenziali soluzioni e l'analisi strategica dei passi necessari per implementarle. In contrasto, un approccio di sovrappensiero potrebbe risultare in un ciclo senza fine di preoccupazioni su cosa potrebbe andare storto, senza mai arrivare a una soluzione pratica.

Il sovrappensiero può spesso travisare la realtà, facendo sembrare i problemi più grandi e insormontabili di quanto non siano in realtà. Questo può portare a sentimenti di impotenza e frustrazione. Importante è riconoscere che mentre il pensiero produttivo è spesso limitato a sessioni di riflessione designate o momenti specifici in cui affrontiamo attivamente un problema, il sovrappensiero può accadere in qualsiasi momento, spesso intrudendosi senza invito e rubando preziose energie mentali.

Per distinguere tra questi due modi di pensare, possiamo valutare l'efficacia dei nostri pensieri chiedendoci: "Questo pensiero mi sta aiutando a muovermi verso una soluzione, o mi sta semplicemente facendo sentire peggio senza portare a una risoluzione?" Se la risposta è quest'ultima, è probabile che siamo caduti nella trappola del sovrappensiero.

Comprendere questi due diversi stati mentali non solo ci permette di identificare quando stiamo ruminando in modo controproducente, ma ci dà anche le basi per iniziare a intervenire. Questa consapevolezza è il primo passo per modificare i nostri modelli di pensiero, consentendoci di liberarci dalle gabbie mentali auto-imposte e di spostare la nostra energia verso attività più costruttive e soddisfacenti. Così facendo, non solo miglioriamo la nostra salute mentale, ma anche la nostra qualità di vita generale, permettendoci di godere appieno delle opportunità che la vita offre senza essere ostacolati da un flusso incessante di preoccupazioni.

Identificare i segni della ruminazione e dei pensieri ossessivi è essenziale per poter intervenire prima che questi diventino soverchianti e abbiano impatti negativi prolungati sulla nostra vita. Essere consapevoli delle manifestazioni di tali pensieri ci permette di adottare strategie preventive e curative, evitando che il ciclo di pensiero negativo prenda il sopravvento.

Uno dei segni più evidenti del sovrappensiero è la difficoltà di distrazione da certi pensieri o preoccupazioni. Questi pensieri tendono a emergere ripetutamente, spesso in momenti inopportuni, e a dominare la nostra attenzione. Anche quando si decide consapevolmente di concentrarsi su altri compiti o attività, la mente può continuare a tornare a questi loop incessanti, mostrando una tendenza a "incagliarsi" su specifiche ansie senza produrre soluzioni utili.

Un altro indicatore significativo è il dispendio sproporzionato di tempo trascorso a preoccuparsi rispetto alla reale gravità o probabilità dell'evento temuto. Per esempio, passare ore a preoccuparsi di una breve presentazione lavorativa che richiederebbe normalmente solo una preparazione moderata. Questo tipo di sovrappensiero può portare a un eccessivo stress e ansia, che a loro volta influenzano negativamente il benessere fisico e mentale, riducendo la nostra capacità di funzionare efficacemente nella vita quotidiana.

Inoltre, i pensieri ossessivi spesso provocano disagio emotivo significativo. Il continuo masticare preoccupazioni può causare irritabilità, tensione, e un senso di oppressione. A lungo termine, questo stato di costante ansia può sfociare in disturbi d'ansia più gravi o in depressione se non gestito adeguatamente. Pertanto, riconoscere l'impatto emotivo di tali pensieri è cruciale per iniziare a cercare interventi terapeutici o cambiamenti nel proprio stile di vita.

Un altro sintomo comune del sovrappensiero è la percezione di perdere il controllo sui propri pensieri, che possono sembrare invasivi e fuori dal controllo personale. Questa sensazione di non poter "staccare" il cervello può portare a insonnia e altre difficoltà legate al sonno, dato che la mente continua a elaborare pensieri anche quando desideriamo riposare.

Infine, i pensieri ossessivi possono manifestarsi attraverso comportamenti compulsivi o evitativi. Ad esempio, qualcuno potrebbe evitare situazioni sociali temendo di non riuscire a controllare l'ansia o i pensieri negativi, o potrebbe ritrovarsi a compiere rituali mentali come contare o ripetere frasi mentalmente per cercare di gestire l'ansia.

Riconoscere questi segni e sintomi nel contesto della nostra vita quotidiana è il primo passo fondamentale verso la gestione efficace del sovrappensiero. Solo quando siamo in grado di identificarli, possiamo iniziare a lavorare su strategie che riducano la loro presenza e impatto, permettendoci di vivere una vita più serena e produttiva. Questa consapevolezza è il primo tassello per costruire una strategia complessiva che affronti le conseguenze negative del sovrappensiero sulla nostra salute mentale e fisica.

Il sovrappensiero non è solo un fastidio mentale; le sue ripercussioni vanno ben oltre, influenzando negativamente sia la salute mentale che quella fisica. Riconoscere queste conseguenze è fondamentale per comprendere la serietà di questa condizione e la necessità di affrontarla con strategie efficaci.

A livello psicologico, il sovrappensiero è strettamente legato all'ansia e alla depressione. La ruminazione, una forma comune di sovrappensiero, può aumentare significativamente il rischio di sviluppare disturbi d'ansia, poiché mantiene l'individuo in uno stato di preoccupazione e tensione costanti. Questi pensieri ansiosi possono distorcere la realtà, facendo sembrare le minacce più imminenti e gravi di quanto non siano, portando a un circolo vizioso di paura e ulteriore ansia. Allo stesso modo, il sovrappensiero può portare alla depressione, poiché la costante negatività nei pensieri può abbattere l'umore e ridurre la capacità di provare piacere nelle attività quotidiane, creando un senso di disperazione e vuoto.

Dal punto di vista fisico, i costanti stati di stress causati dal sovrappensiero possono avere effetti diretti sulla salute corporea. Lo stress prolungato rilascia ormoni come il cortisolo, che, se presenti nel corpo per periodi estesi, possono portare a una serie di problemi di salute, tra cui disturbi del sonno, problemi cardiaci, aumento della pressione sanguigna, riduzione dell'immunità e peggioramento di condizioni infiammatorie come l'artrite. Inoltre, il sovrappensiero può portare a comportamenti non salutari come l'abuso di alcol, il fumo o l'alimentazione incontrollata, che sono spesso utilizzati come meccanismi di coping inadeguati.

Le difficoltà di sonno sono un'altra conseguenza comune del sovrappensiero. La mente impegnata in un ciclo incessante di pensieri può trovare difficile disattivarsi e rilassarsi abbastanza per addormentarsi o mantenere un sonno profondo. Questo può portare a una privazione del sonno, che a sua volta esacerba lo stress, crea un deficit di attenzione e riduce la capacità generale di funzionamento diurno. La fatica cronica risultante può diminuire ulteriormente la qualità della vita e aumentare il rischio di incidenti.

A livello comportamentale, il sovrappensiero può anche portare a un ritiro sociale. Gli individui che sperimentano elevati livelli di pensieri ossessivi possono trovarsi meno interessati a interagire con altri, sia a causa della loro ansia che del desiderio di evitare situazioni che potrebbero scatenare ulteriori preoccupazioni. Questo isolamento può peggiorare i sentimenti di solitudine e depressione, creando un ulteriore declino nel benessere emotivo.

Affrontare il sovrappensiero non è solo una questione di migliorare la qualità della vita mentale, ma è anche essenziale per la salute fisica e il benessere sociale. Implementare strategie efficaci, come la mindfulness e la terapia cognitivo-comportamentale, che verranno esplorate nei capitoli successivi, può aiutare a interrompere questi cicli distruttivi e a ripristinare un equilibrio sia mentale che fisico. Questi approcci offrono strumenti concreti per modificare i processi di pensiero dannosi e per promuovere un benessere duraturo.

Questo libro adotta due approcci principali per combattere il sovrappensiero: la mindfulness e la terapia cognitivo-comportamentale (TCC). Entrambi questi metodi hanno dimostrato di essere efficaci nel modificare i pattern di pensiero negativo e offrono al lettore strumenti pratici per affrontare e gestire la ruminazione mentale e l'ansia.

La mindfulness, o consapevolezza, è una pratica che incoraggia l'individuo a vivere il momento presente in modo attento e senza giudizio. Questo approccio aiuta a riconoscere e accettare i propri pensieri e sentimenti senza lottare contro di essi o cercare di sopprimerli, il che può spesso aggravare la situazione. Attraverso tecniche di respirazione, meditazione guidata e esercizi di consapevolezza, la mindfulness permette di osservare i propri schemi di pensiero da una prospettiva esterna, riducendo l'impatto emotivo di questi e permettendo una maggiore gestione delle risposte emotive. La pratica regolare della mindfulness non solo aiuta a distaccarsi dai cicli di pensieri ossessivi, ma migliora anche la concentrazione, riduce lo stress e aumenta la tolleranza alle situazioni emotivamente difficili.

D'altra parte, la terapia cognitivo-comportamentale è un approccio strutturato che si concentra su come i nostri pensieri influenzino i nostri comportamenti ed emozioni. La TCC lavora sull'identificazione e la modifica dei pensieri distorti che possono causare o esacerbare problemi psicologici come l'ansia e la depressione. Attraverso esercizi di auto-osservazione, i pazienti imparano a riconoscere e sfidare le proprie convinzioni irrazionali e sostituirle con altre più equilibrate e meno dannose. Questo processo non solo aiuta a ridurre il sovrappensiero ma insegna anche tecniche di problem-solving più efficaci, permettendo agli individui di affrontare le situazioni di stress con una mentalità più resiliente e adattiva.

L'integrazione di mindfulness e TCC offre un duplice approccio per affrontare il sovrappensiero. Mentre la mindfulness incoraggia l'accettazione e il rilassamento, la TCC fornisce un piano d'azione per cambiare attivamente i pensieri disfunzionali. Insieme, questi metodi non solo aiutano a gestire i sintomi di ansia e depressione legati al sovrappensiero ma promuovono anche un benessere mentale a lungo termine, fornendo agli individui gli strumenti necessari per modificare i loro modelli di pensiero e comportamento in modi che migliorano la loro qualità di vita.

Questi approcci, ampiamente validati dalla ricerca psicologica, sono centrali nella lotta contro il sovrappensiero. Attraverso il loro apprendimento e applicazione, il lettore sarà guidato a superare gli ostacoli mentali che impediscono di vivere una vita piena e soddisfacente, aprendo la strada a una pace interiore duratura e a una maggiore efficienza personale e professionale. Implementare queste strategie non solo è utile per chi già soffre di disturbi psicologici ma anche per chiunque desideri migliorare la propria resilienza mentale e la capacità di gestire lo stress quotidiano.

In questo libro, "Come Smettere di Pensare Troppo", l'obiettivo è fornire una soluzione completa ai problemi legati al sovrappensiero. Miriamo a eliminare la ruminazione mentale, i pensieri ossessivi e a instaurare una pace interiore duratura. Questa opera è progettata come una guida definitiva che non solo affronta e risolve i problemi attuali del lettore riguardanti il sovrappensiero, ma fornisce anche strumenti per prevenire il ritorno di tali problematiche in futuro.

Il libro si basa su due approcci consolidati e scientificamente validati: la mindfulness e la terapia cognitivo-comportamentale (TCC). Attraverso la mindfulness, il lettore imparerà a vivere nel momento presente, riconoscendo e accettando i pensieri senza giudizio. Questo aiuta a ridurre lo stress e a distaccarsi dai cicli di pensieri negativi che alimentano la ruminazione. La TCC, d'altra parte, insegna a riconoscere e a ristrutturare i pensieri irrazionali o dannosi, sostituendoli con altri più equilibrati e funzionali, mitigando così l'impatto della negatività e promuovendo comportamenti più sani.

Utilizzando esercizi pratici e step by step, il libro guida il lettore attraverso processi di auto-riflessione e di cambiamento comportamentale. Questi esercizi sono pensati per essere integrati facilmente nella routine quotidiana, assicurando che il lettore possa applicarli in modo flessibile e coerente con il proprio stile di vita. L'intenzione è quella di rendere ogni persona capace non solo di gestire momenti di stress acuto, ma di trasformare la propria mentalità a lungo termine.

Il successo di queste tecniche richiede impegno e pratica regolare. Il libro enfatizza l'importanza della costanza nell'applicazione degli insegnamenti proposti, poiché la realizzazione di cambiamenti significativi nel modo di pensare e di reagire alle situazioni di stress richiede tempo e dedizione. Si incoraggia il lettore a dedicare tempo ogni giorno alla meditazione, agli esercizi di respirazione e alla riflessione personale come parte del percorso verso il benessere mentale.

Un aspetto cruciale del processo è l'apprendimento su come i nostri pensieri influenzino il nostro benessere emotivo e fisico. Comprendere le connessioni tra mente e corpo e riconoscere i segnali di allarme precoce della ruminazione mentale permette di intervenire prontamente prima che questi pensieri diventino soverchianti. Questa comprensione aiuta a prevenire la formazione di cicli di pensiero negativo che possono portare a disturbi più seri come l'ansia e la depressione.

In sintesi, "Come Smettere di Pensare Troppo" si propone di essere più di un semplice manuale; vuole essere un compagno di vita che il lettore può consultare continuamente per mantenere e rafforzare la propria salute mentale. Ogni capitolo costruisce sulla base dei precedenti, fornendo una guida completa e dettagliata su come liberarsi dalla prigionia del sovrappensiero e abbracciare una vita di chiarezza e tranquillità emotiva. Con questo libro, si promette non solo di risolvere i problemi attuali ma anche di equipaggiare il lettore con le competenze per affrontare sfide future con resilienza e sicurezza.

CAPITOLO 2: LE CAUSE PSICOLOGICHE DEL SOVRAPPENSIERO

Il sovrappensiero non è solamente un fenomeno psicologico che si manifesta in isolamento, ma è influenzato profondamente da una varietà di fattori ambientali e personali che interagiscono tra loro in modi complessi. Comprendere queste radici può aiutarci a indirizzare meglio le strategie di intervento per ridurre la frequenza e l'intensità di tali pensieri invasivi.

Innanzitutto, è importante considerare l'impatto dell'ambiente familiare e sociale in cui una persona cresce e vive. Gli ambienti ad alta pressione, che spesso impongono aspettative elevate e non forniscono supporto emotivo adeguato, possono creare un terreno fertile per lo sviluppo del sovrappensiero. L'assenza di una rete di supporto solida o la presenza di relazioni interpersonali tossiche possono portare gli individui a rifugiarsi nei loro pensieri, un meccanismo di coping che può facilmente degenerare in ruminazione mentale.

I fattori personali, come la predisposizione genetica alla depressione o all'ansia, giocano anche un ruolo significativo. Queste condizioni possono predisporre gli individui a pattern di pensiero negativo e ossessivo. Ad esempio, una persona con una predisposizione all'ansia potrebbe essere più incline a preoccuparsi eccessivamente per il futuro o a rimuginare sugli eventi passati, rispetto a una persona senza tale predisposizione. Questo non significa che il sovrappensiero sia inevitabile per queste persone, ma indica che potrebbero avere una soglia più bassa per scivolare in tali pattern di pensiero.

Inoltre, gli eventi traumatici e lo stress possono scatenare o aggravare il sovrappensiero. Le esperienze di vita difficili, come la perdita di un lavoro, la fine di una relazione significativa, o la morte di una persona cara, possono portare a un'intensa ruminazione mentale. Questi eventi possono innescare una serie di domande interne e pensieri "e se", che possono diventare ossessivi e controproducenti. La gestione dello stress attraverso tecniche efficaci è quindi cruciale per prevenire che tali eventi scatenino un ciclo di sovrappensiero.

La personalità di un individuo può anche influenzare la propensione al sovrappensiero. Le persone con tratti di personalità come il perfezionismo o l'alta sensibilità possono essere particolarmente vulnerabili. Il perfezionismo può portare gli individui a fissarsi sugli errori e a ruminare sui modi per evitare futuri fallimenti, mentre l'alta sensibilità può farli soffrire di più in risposta alle critiche o ai conflitti interpersonali, alimentando ulteriormente la ruminazione.

Comprendere l'interazione tra questi fattori ambientali e personali è essenziale per affrontare efficacemente il sovrappensiero. Attraverso questa comprensione, possiamo iniziare a sviluppare strategie personalizzate che considerino l'intera complessità dell'individuo e del suo contesto, piuttosto che limitarsi a trattare i sintomi in superficie. Il trattamento e la gestione del sovrappensiero richiedono quindi un approccio olistico, che tenga conto sia degli aspetti ambientali sia di quelli personali che contribuiscono al suo sviluppo.

Le esperienze passate e le aspettative future svolgono un ruolo cruciale nel configurare i cicli di pensiero che caratterizzano il sovrappensiero. Questi due elementi, intrinsecamente legati alla nostra percezione di noi stessi e del mondo che ci circonda, possono alimentare la tendenza a rimuginare su eventi passati o a preoccuparsi eccessivamente per il futuro.

Le esperienze passate, soprattutto quelle traumatiche o significative, possono lasciare un'impronta duratura sulla nostra psiche. Eventi come il bullismo durante l'infanzia, conflitti familiari, o fallimenti professionali, se non elaborati correttamente, possono trasformarsi in ricordi ossessivi. Tali ricordi spesso emergono involontariamente, portando l'individuo a rivivere le emozioni negative associate a quegli eventi. Questo processo di ruminazione non solo impedisce una risoluzione emotiva ma può anche influenzare negativamente l'autostima e la fiducia nelle proprie capacità di gestire le sfide future.

D'altra parte, le aspettative future giocano un ruolo altrettanto significativo. La tendenza a preoccuparsi per ciò che potrebbe accadere si radica spesso in un senso di incertezza e paura.

Questo è particolarmente vero in contesti di grande cambiamento o instabilità, come durante una crisi economica o di salute pubblica. Il sovrappensiero, in questo contesto, può manifestarsi come un tentativo di anticipare e prepararsi a tutti i possibili esiti negativi, in una sorta di tentativo iper-vigile di controllo che, paradossalmente, porta solo a una maggiore ansia e stress.

Questi cicli di pensiero possono essere particolarmente persistenti perché sono auto-rinforzanti. Più una persona si concentra sugli eventi negativi passati, più può sentirsi vulnerabile riguardo al futuro. Questo stato di allerta costante fa sì che anche piccole preoccupazioni possano essere percepite come minacce maggiori, innescando ulteriori episodi di ruminazione. Allo stesso modo, l'ansia per il futuro può rendere più difficile processare e lasciar andare gli eventi passati, mantenendo l'individuo in un ciclo continuo di stress psicologico.

Interruzione di questi cicli richiede un'introspezione consapevole e, spesso, l'assistenza di un professionista. Tecniche come la terapia cognitivo-comportamentale possono aiutare a identificare e modificare i pattern di pensiero disfunzionali. Tramite questo approccio, le persone sono incoraggiate a sfidare la loro visione degli eventi passati e a impostare aspettative future più realistiche e meno catastrofiche. Questo processo non solo può ridurre la frequenza della ruminazione ma può anche migliorare la qualità della vita, permettendo di vivere con una maggiore presenza mentale e meno apprensione.

Il nostro viaggio emotivo e psicologico è fortemente influenzato dalle relazioni sociali e dalla nostra capacità di connetterci con gli altri. Esaminare come questi legami influenzano i nostri pensieri e sentimenti può offrire ulteriori intuizioni su come gestire e ridurre il sovrappensiero.

Le relazioni sociali e la solitudine rappresentano due facce della stessa medaglia nel contesto del sovrappensiero, influenzando profondamente i cicli di pensiero negativo che possono assediare la nostra mente. Esaminare come le interazioni con gli altri e i periodi di isolamento agiscono sulla nostra salute mentale ci permette di comprendere meglio le dinamiche che perpetuano la ruminazione.

La qualità delle relazioni sociali può avere un impatto significativo sulla propensione al sovrappensiero. Relazioni positive, caratterizzate da supporto, comprensione e rispetto reciproco, possono fungere da ammortizzatori contro lo stress e l'ansia, riducendo la necessità di rifugiarsi nei propri pensieri negativi. Al contrario, relazioni tossiche o conflittuali possono esacerbare sentimenti di inadeguatezza, insicurezza e paura, tutti fattori che alimentano la ruminazione. Il conflitto, in particolare, può scatenare una serie di domande interne e preoccupazioni che ritornano costantemente nella mente, impedendo di trovare pace e chiarezza.

La solitudine, spesso risultato di una rete sociale limitata o insoddisfacente, può altresì promuovere il sovrappensiero. Senza interazioni significative che distraggano o rassicurino, individui solitari possono trovarsi intrappolati in un ciclo incessante di pensieri negativi. La mancanza di feedback esterno li priva della possibilità di mettere in discussione o relativizzare i propri pensieri, rendendo più facile per la mente cadere in un loop di ruminazione su ipotetici scenari negativi o rimpianti passati.

Inoltre, la solitudine non è solo l'assenza di contatti sociali, ma spesso anche una percezione soggettiva di isolamento e disconnessione, anche in presenza di altri. Questo senso di isolamento emotivo può essere altrettanto dannoso, poiché l'individuo si sente incompreso e separato dagli altri, il che può intensificare il bisogno di 'masticare' pensieri negativi senza sosta.

Affrontare questi aspetti richiede un approccio proattivo nel costruire e mantenere relazioni sane. Imparare a comunicare efficacemente, stabilire confini salutari e sviluppare empatia possono aiutare a migliorare la qualità delle nostre interazioni e a ridurre il senso di solitudine. Parallelamente, riconoscere e affrontare le relazioni nocive, cercando quando necessario il supporto di un terapista, può limitare gli effetti negativi di tali dinamiche sulla nostra salute mentale.

Gli impatti delle relazioni sociali e della solitudine sul sovrappensiero evidenziano l'importanza di un ambiente sociale supportivo come strumento di mitigazione del distress psicologico. Mentre ci sforziamo di comprendere e migliorare le nostre connessioni esterne, diventa anche essenziale considerare come le tecnologie moderne e i media influenzino la nostra percezione e le nostre interazioni quotidiane, portando a nuove forme di stress e ansia.

Nell'era digitale, i media e la tecnologia rivestono un ruolo preponderante nella modulazione dei nostri stati d'animo e dei nostri comportamenti, influenzando in modo significativo l'ansia e il sovrappensiero. L'accesso costante a informazioni e la capacità di rimanere sempre connessi possono avere effetti ambivalenti sulla nostra salute mentale.

I social media, in particolare, sono una fonte doppia di influenze. Da un lato, forniscono una piattaforma per il supporto sociale e l'autoespressione, ma dall'altro possono diventare terreno fertile per confronti sociali dannosi e sovraesposizione a notizie negative. La tendenza a confrontarsi con gli altri attraverso le vetrine idealizzate dei profili online può alimentare insicurezze e preoccupazioni, promuovendo un circolo vizioso di sovrappensiero. Gli utenti possono rimuginare incessantemente su come appaiono agli altri, cosa pensano gli altri di loro e come potrebbero migliorare la propria immagine pubblica, spesso in modo ossessivo.

Inoltre, la costante esposizione a flussi di notizie può amplificare l'ansia. Notizie spesso negative o allarmanti, presentate in modo sensazionalistico per attrarre l'attenzione, possono portare a un sovraccarico informativo. Questo bombardamento incessante può rendere difficile distaccarsi da preoccupazioni globali o locali, inducendo uno stato di allerta continuo che è strettamente legato alla ruminazione e al sovrappensiero. L'individuo può trovarsi impotente di fronte agli eventi mondiali, aggravando ulteriormente il suo stato di ansia.

La tecnologia, con le sue notifiche continue e l'accesso illimitato a risorse online, può anche disturbare i normali cicli di riposo e attività. La difficoltà di "staccare" e la pressione per rimanere sempre disponibili e reattivi possono ridurre significativamente i periodi di riposo mentale necessari per un sano equilibrio psicologico. Senza momenti adeguati di disconnessione, la mente non ha tempo per recuperare e ricaricarsi, il che può esacerbare i pattern di sovrappensiero.

Questi effetti combinati evidenziano la necessità di gestire proattivamente la nostra esposizione ai media e l'uso della tecnologia per mantenere la salute mentale. Strategie come la definizione di limiti specifici sull'uso dei dispositivi digitali, la selezione consapevole delle fonti di notizie e la pratica regolare di periodi di disconnessione possono aiutare a mitigare il potenziale stress derivante da questi canali. È essenziale riconoscere quando la tecnologia smette di essere uno strumento utile e inizia a contribuire a uno stato di ansia continua, alimentando cicli distruttivi di pensiero negativo.

Adottare queste misure non solo migliora il benessere individuale, ma può anche contribuire a stabilire un più sano rapporto con l'ambiente digitale. Attraverso un utilizzo equilibrato e consapevole dei media e della tecnologia, possiamo ridurre significativamente l'impatto negativo che questi possono avere sul nostro stato mentale, promuovendo una vita più serena e focalizzata.

La capacità di identificare e gestire i trigger che inducono alla ruminazione è fondamentale per chi lotta contro il sovrappensiero. Un trigger può essere definito come qualsiasi stimolo che innesta una serie di pensieri ossessivi o negativi. Spesso, questi stimoli sono personali e specifici per ciascun individuo, variando notevolmente in natura e origine.

Per iniziare, è essenziale riconoscere che la ruminazione spesso deriva da esperienze negative non risolte o da situazioni che generano stress. Ad esempio, conflitti interpersonali, pressioni lavorative, o ricorrenze di eventi traumatici passati possono facilmente diventare catalizzatori di pensieri invasivi. Identificare questi trigger richiede un'autoanalisi attenta e onesta, spesso facilitata dall'uso di un diario emotivo in cui annotare le circostanze che precedono l'insorgere di episodi di ruminazione. Questo strumento può aiutare a riconoscere schemi e a individuare le specifiche condizioni che predispongono al sovrappensiero.

Una volta che i trigger sono stati identificati, il passo successivo è sviluppare strategie efficaci per gestirli. Una tecnica utile è la distrazione intenzionale, che coinvolge l'orientamento della propria attenzione verso attività piacevoli o mentalmente stimolanti che interrompono il flusso di pensieri negativi. Attività come leggere, fare esercizio fisico, o partecipare a hobby creativi non solo distolgono l'attenzione ma possono anche contribuire a ristrutturare positivamente il pensiero.

Inoltre, tecniche di rilassamento come la respirazione profonda, la meditazione o lo yoga possono essere impiegate per calmare la mente e ridurre il livello di stress fisico e mentale, che spesso esacerbano la ruminazione. Imparare a stabilire e mantenere una routine regolare di queste pratiche può fornire strumenti preziosi per il controllo dei pensieri invadenti quando si verificano.

Un altro aspetto importante nella gestione dei trigger è la modifica dell'ambiente. Ciò può includere la riduzione di fonti di stress nella propria vita quotidiana, come modificare l'organizzazione del proprio spazio abitativo o lavorativo per creare un'atmosfera più rilassante, o cambiare le proprie abitudini digitali per limitare l'esposizione a contenuti mediatici stressanti. Anche l'interazione con persone che possono essere fonti di stress dovrebbe essere attentamente gestita, stabilendo confini chiari e cercando supporto quando necessario.

Infine, è fondamentale sviluppare una rete di supporto robusta. Condividere i propri pensieri e le proprie preoccupazioni con amici affidabili o familiari può alleviare il peso emotivo della ruminazione. Questo scambio non solo offre conforto, ma può anche aprire nuove prospettive per la risoluzione dei problemi.

Queste strategie di identificazione e gestione dei trigger sono essenziali per ridurre l'impatto del sovrappensiero e migliorare la qualità della vita. Con la pratica e l'attenzione, è possibile sviluppare una maggiore resilienza nei confronti dei pensieri invasivi, facilitando un'esistenza più equilibrata e focalizzata sul momento presente.

CAPITOLO 3: INTRODUZIONE ALLA MINDFULNESS

La mindfulness, o consapevolezza attenta, è una pratica mentale che si concentra sulla piena attenzione al momento presente senza giudizio. Questo approccio trae origine dalle pratiche meditative orientali e ha guadagnato grande rilevanza nel mondo occidentale come tecnica efficace per gestire lo stress, l'ansia e, in particolare, la ruminazione.

Essere "mindful" significa osservare i propri pensieri, emozioni e sensazioni fisiche nel qui e ora con un atteggiamento di apertura e curiosità, senza cercare di cambiarli. Questo permette di prendere coscienza dei pattern automatici di pensiero che spesso sono alla base della ruminazione, ossia quel ciclo continuo di pensieri negativi e preoccupazioni che si auto-alimentano.

La ruminazione, tipicamente, ci trascina in una spirale di pensieri passati o future preoccupazioni che possono sembrare inarrestabili. La mindfulness ci insegna a notare quando la nostra mente inizia a percorrere questi sentieri abituali e ci offre gli strumenti per ritornare dolcemente al presente. In pratica, ciò può significare semplicemente prendere atto di un pensiero ansioso e poi scegliere di focalizzarsi nuovamente sull'esperienza immediata, come il respiro, un suono specifico, o una sensazione corporea.

Numerosi studi hanno evidenziato come la mindfulness non solo riduca lo stress e l'ansia, ma influisca positivamente anche sulla salute fisica, migliorando la qualità del sonno, riducendo la pressione arteriosa e migliorando la risposta immunitaria. Questi benefici sono fondamentali per chi soffre di sovrappensiero, dato che il corpo spesso si trova in uno stato di allerta costante, che può portare a una varietà di disturbi fisici.

Praticare la mindfulness può inoltre aiutare a migliorare le relazioni interpersonali. Aumentando la consapevolezza delle proprie reazioni emotive e dei pensieri, si può rispondere più calmamente e consapevolmente nelle interazioni con gli altri. Questo riduce la probabilità di conflitti e aumenta la capacità di comunicazione empatica, creando un ambiente meno propenso a innescare la ruminazione.

Inoltre, la mindfulness favorisce una maggiore tolleranza all'incertezza e al cambiamento. Imparando a vivere con attenzione il momento presente, si riduce la tendenza a preoccuparsi eccessivamente per il futuro o a rimpiangere il passato. Questo apre la strada a un'esistenza più equilibrata e soddisfacente, dove i pensieri ossessivi hanno meno spazio per prendere il sopravvento.

La pratica della mindfulness può essere iniziata e sviluppata attraverso vari metodi, tra cui la meditazione seduta, le camminate consapevoli, o attraverso esercizi di respirazione guidata. Queste tecniche, se eseguite regolarmente, possono trasformare la propria esperienza quotidiana, riducendo significativamente il livello di stress percepito e migliorando la capacità di gestire i pensieri negativi. Iniziare con pratiche di base è un modo eccellente per introdurre questa disciplina benefica nella propria vita.

L'apprendimento della mindfulness inizia con l'adozione di tecniche di base che permettono di sviluppare la consapevolezza del momento presente. Queste pratiche sono semplici ma potenti e possono essere integrate facilmente nella routine quotidiana di chiunque, indipendentemente dall'esperienza pregressa con la meditazione.

Una delle tecniche più fondamentali è la meditazione sulla respirazione. Questa pratica consiste nel concentrarsi sul proprio respiro, osservando come l'aria entra ed esce dal corpo. L'obiettivo non è controllare il respiro, ma semplicemente prenderne atto. Quando la mente inizia a vagare, come naturalmente fa, il compito è notare dove va e poi dolcemente riportare l'attenzione al respiro. Questo esercizio aiuta a sviluppare la capacità di focalizzare l'attenzione e, allo stesso tempo, a riconoscere e gestire i distacchi quando questi avvengono.

Un'altra pratica utile per i principianti è la scansione corporea. Questo esercizio coinvolge la mente a focalizzarsi su differenti parti del corpo, una alla volta, partendo dai piedi e salendo fino alla testa. Durante la scansione, l'individuo si concentra su sensazioni specifiche in ogni parte del corpo, come tensione, calore o formicolio. La scansione corporea non solo aumenta la consapevolezza delle sensazioni fisiche, ma può anche promuovere il rilassamento e diminuire lo stress.

La meditazione camminata rappresenta un'altra tecnica di mindfulness particolarmente accessibile per i principianti. Durante questa pratica, si cammina lentamente in uno spazio tranquillo, concentrandosi pienamente su ogni passo. Ogni movimento del piede che tocca il suolo diventa un'ancora per il momento presente. Questa forma di meditazione può essere particolarmente utile per coloro che trovano difficile sedersi fermi per lunghi periodi o che preferiscono una forma più attiva di pratica meditativa.

Inoltre, pratiche quotidiane come mangiare o bere possono trasformarsi in esercizi di mindfulness. Mangiare in consapevolezza, ad esempio, significa prestare attenzione a ogni boccone, assaporando i sapori, notando le texture e riconoscendo le reazioni del corpo al cibo. Questo non solo può migliorare la digestione e la soddisfazione con il cibo, ma anche aiutare a instaurare un rapporto più sano con l'alimentazione.

Infine, è utile incorporare momenti di "mindfulness ad hoc" durante la giornata. Questi possono essere brevi pause in cui ci si ferma per alcuni respiri profondi, o momenti in cui si presta attenzione consapevole alle attività quotidiane, come ascoltare veramente un amico parlare senza pensare già alla risposta, o sentire l'acqua sulle mani mentre si lavano i piatti.

Adottare queste tecniche di base può aiutare i principianti a costruire una solida fondazione di mindfulness, che non solo migliora la capacità di vivere nel presente, ma offre anche strumenti efficaci per ridurre lo stress e la ruminazione. La pratica regolare e la progressiva familiarità con queste tecniche aprono la strada a un approfondimento della mindfulness, che può arricchire significativamente la qualità della vita.

L'adozione di esercizi quotidiani di mindfulness può giocare un ruolo cruciale nel ridurre la frequenza e l'intensità dei pensieri ossessivi, offrendo strumenti per riorientare la mente verso il presente e allontanarla dalle preoccupazioni incessanti su passato e futuro. Questi esercizi sono semplici e possono essere integrati facilmente nella routine di ogni giorno, rendendo la pratica della mindfulness accessibile a tutti.

Uno degli esercizi di base è la focalizzazione sulla respirazione durante momenti di pausa all'interno della giornata. Questo può essere fatto seduti alla scrivania, in attesa alla fermata del bus, o mentre si prepara il caffè. Consiste nel chiudere gli occhi per un momento e concentrarsi solamente sul ritmo del proprio respiro, osservando l'aria che entra ed esce dalle narici. Questo tipo di pratica aiuta a centrare l'attenzione e a distaccarsi dai pensieri che possono causare stress o ansia.

Un altro esercizio efficace è l'ascolto attento. Si può praticare mentre si ascolta la musica, i suoni della natura, o anche durante una conversazione. L'idea è di concentrarsi pienamente sui suoni, cercando di catturare ogni dettaglio, ogni tono e ogni variazione. Questo tipo di attenzione aiuta a sviluppare la capacità di rimanere nel presente e di evitare distrazioni mentali che portano alla ruminazione.

La visualizzazione guidata è un altro metodo utile. Questa tecnica coinvolge l'immaginazione per trasportare la mente in un luogo pacifico e rilassante, un "rifugio" mentale dove non ci sono stress o preoccupazioni. Durante la visualizzazione, si può immaginare di trovarsi in un luogo sereno, come una spiaggia deserta o una foresta tranquilla, e visualizzare i dettagli di questo ambiente, dal suono delle onde al canto degli uccelli. Questo non solo aiuta a ridurre i livelli di stress, ma promuove anche un rinnovato senso di pace interiore.

Praticare la gratitudine quotidiana è altrettanto potente. Ogni sera, dedicare alcuni minuti a riflettere su tre cose per cui si è grati durante la giornata può cambiare significativamente la prospettiva mentale, spostando il focus dai problemi alle positività della vita. Questo esercizio di consapevolezza aiuta a bilanciare i pensieri negativi che possono dominare la mente e contribuisce a una visione più equilibrata e ottimista della propria esistenza.

Infine, la pratica del "check-in" emotivo serale può servire a comprendere meglio i propri stati interni. Questo consiste nel prendersi un momento per valutare come ci si sente, quali emozioni sono state predominanti e quali eventi o pensieri hanno influenzato l'umore. Questo aiuta a sviluppare una maggiore consapevolezza delle proprie reazioni emotive e dei pattern di pensiero, permettendo di affrontarli più efficacemente nel tempo.

Incorporando questi esercizi nella vita quotidiana, si può ottenere un controllo maggiore sui pensieri ossessivi e costruire una stabilità emotiva che favorisce un benessere duraturo. La pratica regolare di questi esercizi fortifica la mente contro le intrusioni dei pensieri negativi, preparando il terreno per tecniche avanzate come la respirazione consapevole.

La respirazione consapevole è una tecnica di mindfulness che sfrutta il respiro come strumento per ridurre lo stress e migliorare il benessere mentale e fisico. Questa pratica consiste nel prestare attenzione deliberata al proprio respiro, osservandolo senza cercare di modificarlo, e può essere eseguita in qualsiasi momento e luogo. La sua semplicità e accessibilità la rendono una delle tecniche di mindfulness più potenti per la gestione dello stress quotidiano.

Quando ci concentriamo sulla respirazione, portiamo la mente a distaccarsi dai pensieri ansiosi o distruttivi che possono dominare la nostra attenzione. Questo permette non solo di interrompere il flusso di pensieri negativi, ma anche di attivare il sistema nervoso parasimpatico, responsabile della risposta di rilassamento del corpo. In questo modo, la respirazione consapevole aiuta a ridurre la pressione sanguigna, rallentare il battito cardiaco e abbassare i livelli di stress, promuovendo uno stato di calma e serenità.

Praticare regolarmente la respirazione consapevole può portare benefici duraturi. Per esempio, può migliorare la qualità del sonno, riducendo i periodi di insonnia e i risvegli notturni. Inoltre, può aiutare a gestire meglio le reazioni emotive, aumentando la capacità di rispondere agli stress quotidiani con maggiore equilibrio e meno impulsività. Questo tipo di controllo è particolarmente utile in situazioni ad alta pressione, dove reazioni eccessivamente emotive possono esacerbare i problemi anziché risolverli.

Un esercizio base di respirazione consapevole può essere praticato seguendo questi passi semplici: trovare un posto tranquillo e assumere una posizione comoda, chiudere gli occhi per minimizzare le distrazioni e concentrarsi sul respiro. Si inizia osservando il movimento naturale dell'aria che entra e esce dal naso o dalla bocca, sentendo il sollevamento del torace o dell'addome durante l'inspirazione e la loro discesa durante l'espirazione. Ogni volta che la mente inizia a vagare, dolcemente si riporta l'attenzione al respiro. Questa pratica può essere svolta per pochi minuti al giorno, ma anche l'estensione di queste sessioni può incrementare i suoi benefici.

La respirazione consapevole funge anche da ponte verso pratiche più complesse di mindfulness e meditazione. Man mano che si sviluppa la capacità di mantenere l'attenzione sul respiro, si possono esplorare tecniche più avanzate che coinvolgono visualizzazioni o meditazioni guidate, che permettono una connessione ancora più profonda con il sé interiore e con le proprie emozioni.

Incorporando la respirazione consapevole nella routine quotidiana, gli individui possono costruire una forte difesa contro lo stress e i pensieri ossessivi, promuovendo un approccio più sereno e controllato alle sfide della vita. Questa tecnica non solo aiuta a gestire il momento presente con maggiore calma, ma prepara anche il terreno per l'adozione di ulteriori abitudini positive che potranno essere discusse nei prossimi capitoli, enfatizzando così l'importanza di una pratica regolare per un impatto duraturo sulla qualità della vita.

Integrare la mindfulness nelle attività quotidiane è un passo fondamentale per trasformare questa pratica in un elemento costante e benefico della vita di tutti i giorni. Facendo ciò, si può aumentare significativamente la propria consapevolezza, ridurre lo stress, e migliorare la gestione delle emozioni nel contesto di routine giornaliere. Questo approccio non richiede tempo aggiuntivo dedicato alla meditazione, ma piuttosto un cambio di atteggiamento nell'eseguire le azioni quotidiane.

Una delle strategie più efficaci è quella di applicare la mindfulness durante le normali attività domestiche. Per esempio, mentre si lavano i piatti o si pulisce la casa, si può praticare la consapevolezza focalizzando l'attenzione sui sensi. Sentire l'acqua calda sulle mani, notare il movimento del corpo mentre si sposta da un lato all'altro della stanza, o ascoltare i suoni dell'ambiente possono trasformare un'attività monotona in un momento di presenza mentale e rilassamento.

Anche durante il consumo dei pasti si può praticare la mindfulness. Mangiare consapevolmente significa prestare attenzione ai sapori, agli odori, alle texture del cibo, e al processo di masticazione e deglutizione. Questo non solo migliora la digestione, ma permette anche di godere pienamente del pasto e di riconoscere i segnali di sazietà del corpo, prevenendo così la sovralimentazione.

La mindfulness può essere incorporata anche nel pendolarismo o nelle camminate, trasformando questi spostamenti in opportunità di pratica. Invece di ascoltare passivamente musica o pensare ai problemi della giornata, si può scegliere di concentrarsi sul proprio respiro, sui passi, o sui paesaggi che si attraversano, accogliendo ogni sensazione e ogni vista come un dono del momento presente.

Integrare la mindfulness nel lavoro è altrettanto utile. Durante le pause, anziché distrarsi con il cellulare, si può scegliere di fare una breve meditazione di consapevolezza, magari concentrando l'attenzione sul respiro per alcuni minuti. Questo aiuta a rinfrescare la mente e a ridurre il livello di stress, incrementando la produttività e la capacità di gestire compiti impegnativi con una mente più chiara.

Anche la comunicazione può beneficiare della mindfulness. Ascoltare attivamente, ovvero essere completamente presenti mentre l'altro parla, senza formulare risposte nella propria testa o distrarsi con altri pensieri, può migliorare significativamente la qualità delle relazioni interpersonali. Questo tipo di ascolto non solo dimostra rispetto per l'interlocutore, ma favorisce una comprensione più profonda e connessioni umane più autentiche.

Adottare la mindfulness come parte integrante delle attività quotidiane è una pratica che, una volta abbracciata, può trasformare l'intera esperienza di vita, rendendo ogni giorno un'occasione per coltivare la pace interiore e la presenza mentale. Questo continuo impegno nel vivere con attenzione ogni momento prepara l'individuo ad affrontare con maggiore serenità anche gli aspetti più complessi della vita, come quelli che saranno esplorati nel prossimo capitolo, dedicato alla terapia cognitivo-comportamentale.

CAPITOLO 4: FONDAMENTI DELLA TERAPIA COGNITIVO-COMPORTAMENTALE

La Terapia Cognitivo-Comportamentale (TCC) è un approccio psicoterapeutico focalizzato sulla comprensione e modifica dei pensieri, delle emozioni e dei comportamenti disfunzionali. È ampiamente riconosciuta come uno dei trattamenti più efficaci per una varietà di disturbi psicologici, inclusi ansia, depressione e, in particolare, disturbi legati a pensieri ossessivi.

La TCC si basa sul principio che i nostri pensieri influenzano direttamente le nostre emozioni e comportamenti. Secondo questo modello, non sono gli eventi esterni a determinare come ci sentiamo e agiamo, ma piuttosto la nostra interpretazione di questi eventi. Pertanto, modificando i nostri schemi di pensiero disfunzionali, possiamo alterare le nostre reazioni emotive e comportamentali in modo più positivo e funzionale.

Questa terapia è particolarmente utile nel trattamento dei pensieri ossessivi perché aiuta gli individui a riconoscere e sfidare le convinzioni irrazionali e le preoccupazioni eccessive che spesso accompagnano questo tipo di pensiero. Ad esempio, una persona che soffre di pensieri ossessivi può credere che se non controlla ripetutamente il gas, ci sarà sicuramente un'esplosione. La TCC lavora per sfidare questa convinzione, aiutando l'individuo a valutare la realtà della situazione e a sviluppare risposte più adattive.

Il processo inizia generalmente con la fase di identificazione dei pensieri automatici negativi. I terapeuti aiutano i loro pazienti a diventare consapevoli dei loro flussi di pensiero automatici e spesso distorti, che emergono in risposta a specifiche situazioni. Questi pensieri sono solitamente radicati in schemi più profondi e persistenti di credenze e assunzioni personali, note come schemi cognitivi.

Una volta che questi pensieri e credenze sono stati identificati, il passo successivo nella TCC è la loro messa in discussione. Questo viene fatto attraverso una varietà di tecniche, come la sperimentazione comportamentale, che coinvolge il test delle credenze nel mondo reale, e la ristrutturazione cognitiva, che insegna ai pazienti come sostituire pensieri distorti con altri più realistici e meno dannosi.

Ad esempio, la ristrutturazione cognitiva può coinvolgere esercizi di scrittura dove i pazienti sono invitati a scrivere i loro pensieri negativi e poi a contrapporli con interpretazioni alternative più equilibrate. Questo processo non solo aiuta a ridurre la frequenza e l'intensità dei pensieri ossessivi, ma migliora anche la capacità di gestire lo stress e l'ansia in modo più efficace.

Un altro aspetto cruciale della TCC è l'incoraggiamento alla modifica dei comportamenti che possono perpetuare o esacerbare i disturbi psicologici. Questo può includere l'evitamento di situazioni che scatenano ansia o l'adozione di routine più salutari. La TCC, quindi, non solo mira a cambiare il pensiero e l'emotività, ma anche a influenzare direttamente le azioni delle persone per una vita più funzionale e soddisfacente.

Incorporando la TCC nella propria vita, gli individui possono sviluppare un insieme di strumenti duraturi per affrontare i pensieri ossessivi e migliorare significativamente la loro salute mentale. Questo approccio integrato è essenziale per raggiungere una comprensione profonda delle proprie convinzioni limitanti e per adottare tecniche di cambiamento comportamentale.

Un aspetto cruciale della Terapia Cognitivo-Comportamentale (TCC) è l'identificazione e la correzione dei pensieri distorti e delle convinzioni limitanti che spesso sottendono i comportamenti disfunzionali. Questi pattern di pensiero possono alterare profondamente la percezione della realtà, generando risposte emotive e azioni che influenzano negativamente la vita quotidiana.

I pensieri distorti, quali la filtrazione (focalizzazione solo sugli aspetti negativi), la magnificazione (esagerazione delle difficoltà) e la minimizzazione (sottovalutazione delle proprie competenze), sono interpretazioni irrazionali degli eventi che possono condurre a sentimenti di inadeguatezza e disperazione. Questi errori di pensiero non solo distorcono la realtà ma alimentano anche cicli continui di ansia e depressione.

Parallelamente, le convinzioni limitanti sono quelle idee profondamente radicate su se stessi e sul mondo che impediscono l'espressione completa del proprio potenziale. Ad esempio, credenze come "non sono abbastanza bravo" o "le cose non cambieranno mai" possono paralizzare l'azione e ostacolare il progresso personale e professionale.

Per contrastare efficacemente questi pensieri e convinzioni, la TCC impiega una serie di tecniche cognitive. Una di queste è il diario di pensieri disfunzionali, uno strumento che aiuta a tracciare le occasioni in cui emergono pensieri irrazionali, facilitando la loro identificazione e analisi critica. In questo diario, gli individui registrano le situazioni specifiche, i pensieri automatici scatenati e le emozioni correlate, lavorando poi con il terapeuta per sfidare e riformulare tali pensieri.

La sfida di queste distorsioni cognitive avviene attraverso il dialogo socratico, un metodo di interrogazione che stimola la riflessione critica sulle proprie convinzioni. Questo approccio incoraggia gli individui a considerare domande come "Quali prove ho che supportano o confutano questo pensiero?" e "Esistono alternative più equilibrate che posso considerare?". Attraverso questo processo, i pazienti apprendono a sostituire convinzioni irrealistiche con altre più aderenti alla realtà e funzionali al benessere.

Questo lavoro di ristrutturazione cognitiva non solo riduce il disagio emotivo ma apre anche la via a comportamenti più adattivi. Liberarsi dai vincoli di pensieri e credenze limitanti permette di vivere una vita meno condizionata da paure infondate e più arricchita da scelte consapevoli e proattive.

In definitiva, affrontare e modificare i pensieri distorti e le convinzioni limitanti è un passo essenziale per chiunque desideri migliorare la propria salute mentale e il proprio benessere generale. Questo processo di cambiamento cognitivo è fondamentale per costruire una base solida su cui sviluppare ulteriori strategie di coping efficaci nel contesto della TCC.

Per trasformare pensieri disfunzionali che possono alimentare comportamenti e reazioni emotive negative, si possono utilizzare con efficacia le tecniche di sfida e ristrutturazione cognitiva. Queste strategie sono centrali nella Terapia

Cognitivo-Comportamentale (TCC) e mirano a sostituire percezioni errate con altre più equilibrate e reali, migliorando significativamente il benessere psicologico.

La sfida cognitiva comporta un'analisi meticolosa dei pensieri automatici, che spesso emergono involontariamente e distorcono la realtà. Questi pensieri possono generare una varietà di stati emotivi negativi, da ansia a depressione. Ad esempio, se dopo un colloquio di lavoro pensate "sicuramente non mi chiameranno, ho fatto un pessimo colloquio", state probabilmente cadendo in una trappola di pensiero negativo.

Per sfidare efficacemente questi pensieri, si inizia interrogandosi sulla loro validità: "C'è una prova concreta che ho fatto male il colloquio?", "Ci sono stati momenti in cui ho risposto bene?", "Un singolo colloquio può definire il mio valore professionale?". Questo tipo di domande aiuta a vedere le situazioni da più angolazioni e a ridimensionare le reazioni emotive.

Dopo aver messo in dubbio i pensieri negativi, il passaggio successivo è la ristrutturazione cognitiva. Qui, il vecchio schema di pensiero viene sostituito con uno nuovo, più realistico e funzionale. Questa fase è cruciale per alleviare il disagio psicologico e favorire un comportamento più sano.

Adottando l'esempio precedente, il pensiero "ho fatto un pessimo colloquio" può essere trasformato in "Ho fatto del mio meglio dato il contesto, e posso migliorare nelle prossime occasioni". Questa nuova affermazione non solo è più realistica, ma offre anche una prospettiva che promuove la crescita e l'apprendimento anziché la critica autolesionistica.

La ristrutturazione cognitiva non si limita a pensare positivo. Si tratta piuttosto di adottare un approccio equilibrato che riconosca le sfide ma anche le potenzialità di miglioramento e successo. Per rendere questa trasformazione parte integrante del modo di pensare, può essere utile praticare regolarmente attraverso la scrittura o la meditazione guidata, consolidando nuovi schemi di pensiero.

Queste tecniche, se integrate nella vita quotidiana, migliorano la flessibilità cognitiva e permettono di affrontare le sfide con maggiore serenità e meno stress. Apprendendo a vedere gli eventi sotto diverse luci, si contribuisce a una riduzione generale dello stress e a un incremento della qualità della vita, rendendo ogni situazione una possibilità per apprendere e adattarsi piuttosto che una conferma di limiti o fallimenti.

Incorporando queste strategie nel proprio quotidiano, si pone una solida base per un miglioramento continuo del proprio benessere mentale, permettendo di affrontare le future sfide della vita con una mentalità nuova e più resiliente.

L'implementazione dei diari di pensiero rappresenta una tecnica efficace per individuare, monitorare e modificare i cicli di pensiero disfunzionali. Questo strumento permette di osservare la frequenza e il contesto di pensieri specifici, facilitando la loro comprensione e gestione.

Per iniziare, un diario di pensiero consiste semplicemente in una registrazione quotidiana di pensieri specifici che emergono in determinate situazioni. Gli utenti sono incoraggiati a annotare non solo il pensiero stesso, ma anche il contesto in cui si verifica, le emozioni associate e le reazioni comportamentali che ne derivano. Questo processo aiuta a riconoscere pattern di pensiero che possono passare inosservati ma che influenzano significativamente l'umore e il comportamento di una persona.

Ad esempio, una persona potrebbe notare che i pensieri di inadeguatezza sorgono prevalentemente in contesti lavorativi. Registrando questi pensieri, la persona potrebbe scoprire che tali pensieri emergono come reazione a interazioni con specifici colleghi o durante particolari tipi di compiti. Riconoscendo questo schema, diventa possibile indirizzare la fonte del disagio con strategie mirate.

Una volta raccolti sufficienti dati, l'analisi dei contenuti del diario può rivelare importanti insight sui cicli di pensiero. Questo passaggio è fondamentale per iniziare il processo di modifica dei pensieri disfunzionali. Identificando le circostanze comuni e le reazioni emotive legate a questi pensieri, gli individui possono iniziare a sfidare la validità e l'utilità di tali pensieri.

Per esempio, se un individuo registra frequentemente pensieri di auto-svalutazione dopo riunioni di lavoro, può iniziare a mettere in dubbio la realtà di questi pensieri con domande come: "Ho prove concrete che il mio intervento è stato inadeguato?", "Come hanno reagito concretamente i miei colleghi alle mie idee?" e "Esistono interpretazioni alternative che non ho considerato?". Questo tipo di analisi critica è spesso illuminante e può portare a una significativa riduzione dell'ansia e dell'auto-critica.

Infine, il passo successivo consiste nell'usare le informazioni raccolte per formulare e adottare nuovi schemi di pensiero. Sostituendo i pensieri negativi con interpretazioni più equilibrate e basate su fatti, gli individui possono notare un miglioramento nel loro benessere emotivo e nelle loro interazioni sociali.

La pratica regolare di annotazione nel diario di pensiero non solo offre un mezzo per riconoscere e modificare i pensieri disfunzionali, ma promuove anche una maggiore consapevolezza e autocontrollo. Con il tempo, questa tecnica può aiutare a sviluppare una mente più resiliente e adattiva, pronta a gestire le sfide con una nuova prospettiva più costruttiva e meno critica verso sé stessi.

Creare piani d'azione personalizzati è fondamentale per affrontare efficacemente la ruminazione. Questi piani permettono di applicare in modo concreto e mirato le strategie per gestire i cicli di pensiero negativo, incrementando il benessere mentale.

Il primo passo per elaborare un piano d'azione efficace è identificare con precisione le proprie necessità. Questo richiede un'attenta autoanalisi per determinare le situazioni o i pensieri che tipicamente scatenano la ruminazione. L'utilizzo di un diario di pensieri può essere estremamente utile: annotando quotidianamente i momenti di ruminazione, si possono scoprire modelli ricorrenti. Ad esempio, una persona potrebbe notare che tende a rimuginare più intensamente dopo riunioni di lavoro stressanti o durante periodi di solitudine prolungata.

Una volta identificati i trigger, è essenziale stabilire obiettivi chiari e misurabili. Supponiamo che un individuo riconosca un aumento della ruminazione quando si sente sotto pressione per scadenze imminenti. Un obiettivo potrebbe essere ridurre questi episodi di ansia attraverso tecniche specifiche di gestione del tempo, come l'uso di un planner o l'implementazione di una routine quotidiana che includa pause pianificate per il relax.

Con obiettivi ben definiti, il passo successivo è scegliere strategie adatte per affrontare i trigger identificati. Le tecniche possono variare da esercizi di respirazione profonda a pratiche di mindfulness, o anche sessioni di ristrutturazione cognitiva autogestite. Ad esempio, se le riunioni di lavoro sono un trigger, si potrebbe pianificare una sessione di meditazione di cinque minuti prima di ogni riunione per centrare i pensieri e calmare l'ansia.

Implementare il piano richiede disciplina. Integrare le nuove pratiche nella routine quotidiana, dedicando momenti specifici per le tecniche scelte, è essenziale. Monitorare i progressi attraverso un diario dedicato può aiutare a mantenere la traccia delle attività e a valutare l'efficacia delle strategie adottate.

Valutare periodicamente l'efficacia del piano d'azione è cruciale. Questo può significare rivedere e modificare le tecniche, gli orari, o gli obiettivi stessi, in base ai risultati ottenuti e alle esperienze vissute. Un piano flessibile e adattabile aumenta la probabilità di successo a lungo termine.

Attraverso questi passaggi, è possibile non solo gestire la ruminazione in modo efficace, ma anche costruire una forte resilienza mentale. Questi strumenti aiutano a prepararsi meglio per affrontare lo stress e le sfide future, promuovendo una vita più serena e soddisfacente.

CAPITOLO 5: STRATEGIE IMMEDIATE DI INTERVENTO

Per combattere i pensieri ossessivi che possono sopraffare la mente e influenzare negativamente la vita quotidiana, l'impiego di tecniche di distrazione si rivela spesso molto efficace. Queste tecniche aiutano a interrompere il ciclo di ruminazione e offrono una via di fuga temporanea, permettendo alla mente di resettarsi e di guadagnare una nuova prospettiva. Di seguito sono illustrate alcune strategie di distrazione pratiche e accessibili che possono essere integrate facilmente nella routine quotidiana.

Impegnarsi in attività creative è un modo eccellente per distrarre la mente dai pensieri ossessivi. Attività come disegnare, dipingere, scrivere o suonare uno strumento musicale non solo occupano la mente, ma stimolano anche la produzione di endorfine, migliorando l'umore e riducendo lo stress. Ad esempio, la pittura può aiutare a focalizzare l'attenzione sui colori e sulle forme, distogliendo i pensieri dalle preoccupazioni e permettendo un'espressione emotiva non verbale che può essere liberatoria.

L'attività fisica è un'altra potente tecnica di distrazione. Esercizi come camminare, correre, fare yoga o andare in bicicletta possono migliorare significativamente la salute mentale, riducendo i sintomi di ansia e depressione. Il movimento fisico aiuta a liberare la mente dai pensieri negativi grazie all'aumento dei livelli di serotonina e endorfine, noti come gli ormoni della felicità. Inoltre, stabilire una routine di esercizio regolare può fornire struttura alla giornata, offrendo meno opportunità per la mente di vagare verso pensieri distruttivi.

Praticare la mindfulness e la meditazione può essere estremamente utile per chi lotta con pensieri ossessivi. Queste pratiche aiutano a centrare l'attenzione sul momento presente, insegnando a osservare i pensieri e le emozioni senza giudizio e a lasciarli passare senza rimanerci attaccati. La meditazione guidata, in particolare, può offrire strumenti per riorientare i pensieri negativi e promuovere un senso di pace interiore.

Interagire con amici o familiari può anche servire come una valida distrazione dai pensieri ossessivi. Le interazioni sociali non solo offrono supporto emotivo, ma anche la possibilità di condividere preoccupazioni e ricevere feedback costruttivo. Partecipare a gruppi di supporto o attività comunitarie può rafforzare il senso di appartenenza e diminuire la sensazione di isolamento che spesso accompagna la ruminazione.

A volte, modificare l'ambiente circostante può avere un impatto positivo nella gestione dei pensieri ossessivi. Questo può includere organizzare lo spazio di lavoro per renderlo più accogliente o cambiare la disposizione dei mobili in casa per rinfrescare l'ambiente abituale. Creare un'atmosfera che promuova il benessere può aiutare a rompere i cicli di pensiero negativo.

Incorporando queste tecniche di distrazione nella vita quotidiana, è possibile ridurre l'impatto e la frequenza dei pensieri ossessivi. Ogni tecnica offre un modo per spostare l'attenzione lontano dalle preoccupazioni croniche, permettendo alla mente di trovare spazio per la guarigione e il recupero. Questo impegno continuo nel distrarsi in modo costruttivo pone le basi per affrontare efficacemente momenti di alta ansia e stress.

Controllare e ottimizzare l'ambiente in cui si vive e si lavora è essenziale per chi lotta contro il sovrappensiero. Un ambiente ben organizzato può influenzare positivamente il benessere mentale, diminuendo gli stimoli che innescano pensieri negativi e ruminazioni.

Un ambiente ingombro e disordinato può aumentare lo stress e la tensione, distrarre e impedire la concentrazione. In contrasto, uno spazio pulito e ordinato può favorire chiarezza mentale e ridurre le occasioni di ansia. Organizzare lo spazio personale non significa solo pulizia fisica, ma anche creare un ambiente che promuova la calma e il rilassamento. Per esempio, eliminare oggetti non necessari può ridurre la sensazione di sovraccarico visivo che spesso accompagna e stimola la ruminazione.

Inoltre, l'ambiente fisico può essere arricchito di elementi che promuovono la serenità. Introdurre piante in casa o in ufficio non solo migliora la qualità dell'aria, ma anche il benessere psicologico, con il verde che è noto per ridurre lo stress. Similmente, la scelta dei colori nelle pareti può avere un impatto significativo: tonalità di blu e verde sono spesso utilizzate per creare un'atmosfera tranquilla, mentre i colori vivaci possono essere stimolanti e quindi meno indicati in spazi destinati al relax.

La gestione della luce è un altro aspetto cruciale del controllo ambientale. La luce naturale è preferibile dove possibile, poiché ha effetti positivi sull'umore e sulla produttività. Tuttavia, quando la luce naturale è insufficiente, è importante assicurarsi che l'illuminazione artificiale sia adeguata ma non eccessiva, poiché una luce troppo forte può causare affaticamento degli occhi e ansia. L'uso di lampade che imitano la luce naturale può contribuire a mitigare questi problemi.

Il suono è un altro elemento ambientale che merita attenzione. In molti casi, i rumori di fondo possono essere una fonte di distrazione e di stress. L'uso di dispositivi per il rumore bianco o di playlist musicali calme può aiutare a mascherare suoni disturbanti e a creare un ambiente più controllato e rilassante.

Infine, personalizzare lo spazio con oggetti che evocano serenità o piacevoli ricordi può rafforzare ulteriormente l'effetto calmante dell'ambiente. Che si tratti di fotografie, opere d'arte preferite o semplici cimeli, questi tocchi personali possono trasformare uno spazio in un vero rifugio personale dal caos esterno.

La creazione di un ambiente ottimale è un passo fondamentale per chi cerca di ridurre il sovrappensiero e migliorare la propria salute mentale. Attraverso piccoli ma significativi aggiustamenti dell'ambiente di vita e lavoro, è possibile costruire uno spazio che non solo riduca la tendenza alla ruminazione, ma che anche promuova un senso generale di benessere.

Affrontare momenti di alta ansia e stress richiede un approccio strutturato per gestire efficacemente le emozioni intense e impedire che queste si trasformino in cicli prolungati di sovrappensiero. L'adozione di strategie di coping ben definite è fondamentale per mantenere l'equilibrio emotivo e per evitare che lo stress comprometta la qualità della vita.

Una tecnica efficace in questi contesti è la respirazione diaframmatica, che coinvolge un respiro profondo e controllato utilizzando il diaframma. Questo tipo di respirazione aiuta a ridurre la risposta di "lotta o fuga" attivata dallo stress, promuovendo un rilassamento fisico e mentale. Praticare regolarmente la respirazione diaframmatica può non solo calmare immediatamente la mente, ma anche migliorare la capacità di gestione dello stress a lungo termine.

Un altro approccio importante è la visualizzazione, una tecnica che consiste nell'immaginare mentalmente un luogo di pace o un esito positivo di una situazione stressante. Questo metodo può aiutare a distogliere i pensieri da scenari ansiosi e a concentrarsi su immagini e sensazioni che evocano tranquillità. La visualizzazione può essere particolarmente utile prima di affrontare eventi noti per essere stressanti, come parlare in pubblico o sostenere un esame.

L'uso di affermazioni positive è un'altra strategia efficace per combattere l'ansia acuta. Ripetere frasi come "Sono calmo e in controllo" o "Posso gestire questa situazione" può rinforzare mentalmente la propria capacità di affrontare le sfide e ridurre i sentimenti di impotenza che spesso accompagnano l'ansia.

La tecnica del "grounding" o ancoraggio è particolarmente utile per coloro che sperimentano attacchi di panico o momenti di intensa ansia. Questa pratica include metodi per riportare la persona nel qui e ora, concentrandosi su sensazioni fisiche specifiche, come toccare oggetti di diverse texture o concentrarsi sui suoni ambientali. Questo aiuta a spostare l'attenzione dai pensieri ansiosi a stimoli esterni tangibili, stabilizzando la risposta emotiva.

Infine, la creazione di una "scatola di tranquillità", contenente oggetti che evocano serenità, può offrire un aiuto concreto nei momenti di ansia. Gli oggetti potrebbero includere foto di luoghi o persone care, oli essenziali con profumi rilassanti, una pietra liscia da tenere in mano per il grounding, o una registrazione di suoni della natura. Avere a portata di mano questa scatola può fornire un immediato senso di comfort e un facile accesso a strumenti di coping.

Adottare queste strategie non solo aiuta a gestire momenti di crisi, ma rafforza anche le capacità di resilienza psicologica, preparando l'individuo a fronteggiare sfide future con maggiore serenità. Queste pratiche, integrate nella vita quotidiana, possono trasformare il modo in cui si reagisce allo stress, promuovendo un approccio più sano e proattivo alla gestione dell'ansia.

L'arte, la musica e la scrittura sono potenti strumenti terapeutici che possono offrire un sostegno significativo nella gestione del sovrappensiero e dell'ansia. Queste forme di espressione creativa forniscono un canale per elaborare emozioni e pensieri, trasformando il processo di ruminazione in un'attività produttiva che può favorire la guarigione e la riflessione personale.

La musica ha una capacità unica di influenzare lo stato d'animo e può essere utilizzata come mezzo di distrazione o come modalità per esplorare e regolare le emozioni. Ascoltare musica calma e rilassante, come il jazz lento, la musica classica o suoni della natura, può aiutare a diminuire i livelli di stress e ansia, riducendo i battiti cardiaci e abbassando la pressione sanguigna. D'altra parte, creare musica, sia suonando uno strumento sia cantando, permette un'espressione diretta delle emozioni interne, fornendo una via di sfogo per tensioni e preoccupazioni.

La pittura, la scultura e altre forme di arte visiva consentono di esprimere sentimenti che possono essere difficili da verbalizzare. L'arte può servire come una forma di meditazione attiva, concentrando la mente su colori, forme e texture, e allontanandola dai circoli viziosi di pensieri negativi. Attraverso il processo creativo, gli individui possono esplorare le proprie emozioni in modo non giudicante, ottenendo nuove intuizioni sui propri stati mentali e, eventualmente, sulle origini della loro ansia o stress.

La scrittura è un altro strumento terapeutico efficace, particolarmente utile per chi lotta con il sovrappensiero. Tenere un diario, scrivere poesie o racconti può aiutare a canalizzare e organizzare i pensieri che altrimenti potrebbero soffocare. Scrivere permette di prendere distanza dai pensieri intrusivi, mettendoli su carta e esaminandoli con una prospettiva più oggettiva. Questo può portare a una comprensione più profonda dei propri modelli di pensiero e delle emozioni, facilitando la loro gestione e la riduzione del loro impatto.

Incorporare musica, arte e scrittura nella routine quotidiana non solo aiuta a gestire momenti immediati di stress, ma contribuisce anche a costruire una resilienza emotiva a lungo termine. Queste attività stimolano la mente in modi che i metodi più tradizionali di terapia potrebbero non riuscire a raggiungere, permettendo un'elaborazione più completa e profonda delle emozioni personali. Inoltre, offrono l'opportunità di sviluppare nuove competenze e interessi che possono aumentare l'autostima e promuovere un senso di realizzazione personale.

Adottare queste pratiche creative come parte di un approccio complessivo alla gestione della salute mentale consente agli individui di esplorare e affrontare le loro sfide in modo innovativo e personale, supportando il cammino verso una maggiore pace interiore e stabilità emotiva. Queste tecniche, coltivate e integrate nella vita di tutti i giorni, preparano il terreno per affrontare con rinnovata energia e prospettiva i momenti di crisi.

La creazione di un "kit di emergenza" mentale è una strategia proattiva per affrontare momenti di forte stress o crisi emotive. Questo kit è una raccolta personalizzata di strumenti e risorse che una persona può utilizzare per trovare immediato sollievo durante episodi acuti di ansia, stress o depressione. L'idea è quella di avere a portata di mano un insieme di oggetti, attività e ricordi che possono aiutare a stabilizzare rapidamente l'umore e gestire efficacemente le emozioni disturbanti.

La creazione di un kit inizia con la selezione di oggetti che hanno un significato personale o sono stati utili in passato per alleviare lo stress. Questi possono includere musica rilassante, una collezione di aromi terapeutici come oli essenziali, o un libro di meditazioni o affermazioni positive che possono essere lette per calmare la mente. Includere anche fotografie di momenti felici o di persone care può offrire un immediato senso di conforto e connessione, ricordando all'individuo i legami e le esperienze positive della propria vita.

Un altro componente utile del kit può essere un diario di gratitudine, in cui sono annotati momenti o cose per cui si è grati. Questo può aiutare a spostare il focus dai pensieri negativi a quelli più positivi, elevando l'umore e offrendo una prospettiva più equilibrata. Anche includere istruzioni scritte per esercizi di respirazione o mindfulness può essere benefico, fornendo una guida passo-passo per calmare la mente e il corpo durante i momenti di ansia.

Inoltre, il kit può contenere oggetti sensoriali che aiutano a praticare il grounding, come una piccola palla antistress, un pezzo di stoffa di diverse texture, o anche un sasso levigato da tenere in mano. Questi oggetti possono servire a reindirizzare l'attenzione dai pensieri disturbanti alle sensazioni fisiche, facilitando un ritorno al momento presente e riducendo i sintomi fisici dell'ansia.

Non meno importante è includere una lista di contatti di supporto, come numeri di amici fidati, familiari o professionisti della salute mentale. Sapere di avere una rete di supporto facilmente accessibile può ridurre significativamente il senso di isolamento che spesso accompagna le crisi emotive.

Infine, è essenziale che il kit sia facilmente accessibile in qualsiasi momento e possibilmente portatile, per poter essere utilizzato non solo a casa, ma anche in ufficio o in viaggio. Questo assicura che, indipendentemente da dove si verifichi la crisi, si possano avere gli strumenti necessari a disposizione per affrontarla efficacemente.

Implementare l'uso di un kit di emergenza mentale non solo fornisce strategie immediate per la gestione delle crisi, ma rafforza anche il senso di preparazione e controllo personale, elementi cruciali per costruire resilienza a lungo termine. Questo approccio può trasformare il modo in cui un individuo affronta le sfide, stabilendo una base solida per la cura continua della propria salute mentale e per l'adozione di routine quotidiane che saranno esplorate nel prossimo capitolo.

CAPITOLO 6: STABILIRE ROUTINE QUOTIDIANE

Stabilire routine quotidiane ben definite è essenziale per mantenere la salute mentale. Le routine forniscono una struttura prevedibile che può significativamente alleviare lo stress, ridurre l'ansia e migliorare l'umore complessivo. Questo capitolo esplora come l'incorporazione di abitudini regolari e costruttive nel quotidiano possa stabilizzare i ritmi biologici e promuovere un benessere mentale duraturo.

Avere una routine quotidiana aiuta a creare un senso di ordine e prevedibilità, che è particolarmente benefico in momenti di stress o incertezza. Quando la vita sembra caotica o incontrollabile, sapere di avere un piano di azioni quotidiane può offrire conforto e sicurezza. Le routine riducono la necessità di prendere decisioni continue, che possono essere fonte di ansia e di sovrappensiero, permettendo così di conservare energia mentale per altre attività più gratificanti o impegnative.

L'implementazione di una routine mattutina efficace può essere particolarmente potente. Iniziare la giornata con attività che rafforzano la calma e la concentrazione, come la meditazione, esercizi di stretching o la scrittura in un diario, può impostare un tono positivo per le ore successive. Queste pratiche mattutine aiutano a centrare la mente, a ridurre la reattività emotiva e a incrementare la produttività per tutto il giorno.

Analogamente, stabilire rituali serali può migliorare la qualità del sonno, un aspetto fondamentale della salute mentale. Attività come leggere un libro, ascoltare musica rilassante o fare un bagno caldo possono aiutare a distendere il corpo e la mente, preparandoli per un sonno riposante. Evitare schermi luminosi e stimolazioni intense prima di coricarsi può inoltre ridurre l'insonnia e migliorare i cicli di sonno-veglia.

Integrare l'esercizio fisico nella routine giornaliera è un altro pilastro importante per la salute mentale. L'attività fisica regolare non solo migliora la salute fisica, ma ha anche effetti benefici sul cervello, stimolando la produzione di neurotrasmettitori che promuovono il benessere, come l'endorfina. L'esercizio può essere un potente antidoto contro la depressione e l'ansia, e inserirlo come parte della routine quotidiana assicura che questi benefici vengano sfruttati al massimo.

Includere momenti di connessione sociale nelle routine quotidiane può rafforzare ulteriormente la salute mentale. Interagire regolarmente con amici, familiari o colleghi può fornire supporto emotivo, ridurre i sentimenti di solitudine e aumentare il senso di appartenenza. Queste interazioni, anche se brevi, possono essere fonte di grande conforto e stabilizzazione emotiva.

Sviluppare e mantenere routine quotidiane ben strutturate è un elemento chiave per promuovere una salute mentale resiliente. Queste abitudini forniscono una struttura che aiuta a gestire lo stress, a migliorare il sonno e a incrementare l'energia vitale, creando le condizioni ottimali per una vita soddisfacente e equilibrata. Questo approccio sistematico alla vita quotidiana non solo migliora il benessere individuale, ma fornisce anche una base solida per affrontare le sfide future.

Stabilire routine mattutine e serali può essere un metodo efficace per combattere la ruminazione e instaurare uno stato mentale più positivo e produttivo. Queste routine aiutano a iniziare e concludere la giornata con un senso di calma e controllo, contribuendo significativamente alla salute mentale complessiva.

La mattina, iniziare con pratiche che stabilizzano e preparano la mente per le sfide del giorno può avere impatti duraturi sulla gestione dello stress e dell'ansia. Un esempio di routine mattutina potrebbe iniziare svegliandosi alla stessa ora ogni giorno per stabilire un ritmo circadiano consistente, seguito da dieci minuti di meditazione o respirazione profonda. Questo non solo aiuta a centrare la mente, ma riduce anche la probabilità di pensieri ansiosi che possono accumularsi fin dal risveglio. Dopo la meditazione, potrebbe essere utile scrivere in un diario per pochi minuti, impostando gli obiettivi per il giorno e riflettendo brevemente su ciò per cui si è grati, poiché la gratitudine è collegata a una maggiore felicità e soddisfazione della vita. Concludere la routine mattutina con una breve sessione di esercizio fisico, come yoga o una camminata veloce, può invigorire il corpo e chiarire la mente, preparandola per le attività del giorno.

Le routine serali, d'altra parte, dovrebbero essere focalizzate sul distacco dalle tensioni della giornata e sulla preparazione per un riposo notturno riparatore. Una routine serale potrebbe iniziare con un'attività rilassante che segna la fine del lavoro o delle attività giornaliere, come leggere un libro o fare un bagno caldo. Questo segnale aiuta a distinguere chiaramente il tempo libero dal tempo di lavoro, una distinzione spesso sfumata per chi lavora da casa o ha orari flessibili. Evitare l'uso di dispositivi elettronici che emettono luce blu almeno un'ora prima di dormire è cruciale, in quanto la luce blu può interferire con la produzione di melatonina, l'ormone del sonno. Infine, trascorrere qualche minuto a riflettere sulla giornata e annotare eventuali pensieri persistenti in un diario può liberare la mente dalle preoccupazioni, facilitando l'addormentamento.

Integrare queste routine nella vita quotidiana non solo aiuta a ridurre la ruminazione ma anche a stabilire un equilibrio emotivo che facilita la gestione delle sfide quotidiane. Attraverso la ripetizione costante di queste abitudini, sia la mente che il corpo iniziano a riconoscere e a rispondere ai segnali che indicano il momento di attivarsi al mattino e di rilassarsi alla sera, promuovendo un benessere generale e una resilienza aumentata agli stress quotidiani.

Proseguendo, è altrettanto importante considerare come altri aspetti della routine quotidiana, come l'esercizio fisico e la dieta, influenzino la gestione dello stress e la salute mentale complessiva, come verrà esplorato nella prossima sezione. Questi elementi lavorano insieme per formare un quadro completo di gestione della salute mentale che supporta e potenzia le routine mattutine e serali.

L'integrazione dell'esercizio fisico e di una dieta equilibrata nelle routine quotidiane rappresenta una strategia fondamentale per la gestione efficace dello stress e il miglioramento della salute mentale. Questi elementi sono cruciali non solo per il benessere fisico, ma anche per il loro impatto positivo sullo stato psicologico di un individuo.

L'attività fisica regolare è uno degli interventi più efficaci contro lo stress. L'esercizio stimola la produzione di endorfine, spesso descritte come gli ormoni della felicità, che sono sostanze chimiche naturali nel cervello che alleviano il dolore e inducono sensazioni di benessere. Inoltre, l'esercizio fisico aiuta a ridurre i livelli di ormoni dello stress come il cortisolo e l'adrenalina. Una routine di esercizio costante, che può variare dall'aerobica alla yoga, fino a sessioni di allenamento di forza, non solo migliora la resistenza fisica e la salute cardiovascolare, ma anche aiuta a regolare il sonno e a stabilizzare l'umore.

Parallelamente, una dieta ben bilanciata svolge un ruolo essenziale nel modulare l'umore e la capacità di gestire lo stress. Alimenti ricchi di omega-3, come il salmone e le noci, sono stati associati alla riduzione dei sintomi di depressione e ansia. Gli alimenti ricchi di magnesio, come gli spinaci e i semi di zucca, possono aiutare a mitigare i sintomi dello stress, mentre i cibi ad alto contenuto di vitamina B, come gli avocado e i legumi, supportano la funzione cerebrale e migliorano la risposta del corpo allo stress.

Inoltre, è importante limitare o evitare l'alcol, la caffeina e gli zuccheri raffinati, che possono avere effetti negativi sullo stato d'animo e sui livelli di energia, contribuendo ad aumentare l'ansia e disturbare il ciclo del sonno. Sostituire queste scelte con opzioni più sane come tè verde, frutta fresca e cereali integrali può favorire una maggiore stabilità emotiva e una migliore gestione dello stress quotidiano.

L'integrazione di questi elementi in una routine quotidiana non solo migliora la salute fisica, ma fornisce anche strumenti vitali per il mantenimento della salute mentale. Creare un equilibrio tra esercizio fisico e una dieta sana può essere personalizzato in base alle esigenze individuali e può variare nel tempo a seconda delle circostanze personali e delle preferenze.

Adottare uno stile di vita che promuova sia l'attività fisica che una nutrizione appropriata è quindi un pilastro fondamentale per una gestione efficace dello stress. Questo approccio olistico non solo aiuta a ridurre immediatamente lo stress, ma stabilisce anche una fondazione solida per il benessere a lungo termine, preparando l'individuo a gestire meglio le pressioni quotidiane e a migliorare la qualità generale della vita. Continuare a sviluppare e mantenere queste pratiche è essenziale per potenziare ulteriormente la resistenza allo stress.

Il sonno è un pilastro fondamentale della salute mentale; una qualità del sonno scadente è spesso collegata ad aumentati livelli di stress, ansia e depressione. Migliorare la qualità del sonno può quindi avere effetti profondi e duraturi sul benessere generale di una persona. Implementare tecniche specifiche per ottimizzare il sonno è essenziale per chiunque desideri migliorare la propria salute mentale e fisica.

Per iniziare, è cruciale stabilire una routine serale regolare che favorisca il rilassamento e prepari il corpo e la mente al sonno. Questo significa creare un rituale che possa essere ripetuto ogni sera per segnalare al corpo che è tempo di rallentare e prepararsi al riposo. Questo rituale potrebbe includere attività come leggere un libro, fare esercizi di stretching leggero o praticare tecniche di rilassamento come la meditazione guidata o la respirazione profonda.

Mantenere un ambiente ottimale per il sonno è altrettanto importante. La camera da letto dovrebbe essere un santuario dedicato al riposo, con una temperatura confortevole (generalmente intorno ai 18-22 gradi Celsius), buio e silenzio. Investire in tende oscuranti, un materasso di qualità e cuscini confortevoli può fare una grande differenza nella qualità del sonno. Inoltre, ridurre al minimo l'uso di dispositivi elettronici che emettono luce blu, come smartphone e tablet, prima di andare a letto è cruciale, poiché la luce blu può interferire con i ritmi circadiani e ostacolare la produzione di melatonina, l'ormone del sonno.

Un'altra tecnica efficace è la regolazione dell'esposizione alla luce durante il giorno. Esporsi a luce naturale appena possibile durante le ore diurne può aiutare a regolare il ciclo sonno-veglia e migliorare la qualità del sonno notturno. Fare una passeggiata al mattino o anche solo trascorrere qualche momento vicino a una finestra aperta può essere benefico.

Inoltre, è importante prestare attenzione all'alimentazione in relazione al sonno. Evitare cibi pesanti, caffeina e alcol nelle ore serali può prevenire problemi di sonno legati alla digestione e agli stimolanti. Optare per una cena leggera e concedersi una tisana rilassante come la camomilla può essere di grande aiuto.

Infine, per coloro che soffrono di insonnia o altri disturbi del sonno, può essere utile tenere un diario del sonno. Questo diario può aiutare a identificare le abitudini o le attività che influenzano negativamente il sonno, fornendo insight utili per apportare modifiche efficaci.

Implementando queste tecniche, è possibile migliorare significativamente la qualità del sonno, il che a sua volta può ridurre lo stress, migliorare l'umore e aumentare la capacità di gestire efficacemente la pressione quotidiana. Questi miglioramenti nel regime di sonno posizionano bene gli individui per affrontare le sfide quotidiane con maggiore energia e una prospettiva positiva, aspetti che verranno ulteriormente esplorati nel contesto di creare spazi personali ottimali per il benessere.

L'ambiente in cui viviamo e lavoriamo può avere un impatto profondo sul nostro benessere psicologico. Creare spazi che promuovano la calma e la serenità può essere un'efficace strategia per migliorare la salute mentale e fisica. Un ambiente sereno non solo facilita la riduzione dello stress, ma può anche diventare un rifugio sicuro contro la frenesia quotidiana.

Per iniziare, è importante considerare la disposizione fisica degli spazi. L'organizzazione degli ambienti dovrebbe mirare a ridurre il caos visivo e fisico. Questo può essere ottenuto attraverso una disposizione minimalista degli arredi e mantenendo solo gli oggetti che servono a uno scopo funzionale o che portano gioia. Eliminare il superfluo aiuta a diminuire la distrazione mentale e promuove un senso di ordine e tranquillità.

L'uso del colore negli spazi abitativi è un altro fattore cruciale. Colori come il blu, il verde e il grigio chiaro sono noti per le loro proprietà calmanti e sono spesso raccomandati per le pareti di stanze destinate al relax e al riposo. Questi toni aiutano a creare un'atmosfera pacifica che può facilitare la decompressione dopo una giornata stressante.

Incorporare elementi naturali è un modo efficace per migliorare la qualità dell'ambiente. Le piante, per esempio, non solo purificano l'aria, ma aggiungono anche un tocco di vita e tranquillità agli spazi. Inoltre, l'acqua ha qualità terapeutiche note: considerare l'aggiunta di una piccola fontana può offrire un suono rilassante che maschera i rumori disturbanti del vicinato o della città.

La luce gioca un ruolo fondamentale nell'influenzare l'umore. Sfruttare al massimo la luce naturale attraverso l'uso di tende trasparenti o posizionando le aree di lavoro e di relax vicino alle finestre può migliorare significativamente

l'atmosfera di una stanza. Per le ore serali, optare per soluzioni di illuminazione soffusa, come lampade da tavolo con luci calde, può creare un ambiente accogliente che facilita il rilassamento e il benessere.

Infine, personalizzare lo spazio con oggetti che hanno significato personale può aumentare il comfort emotivo. Che si tratti di fotografie, opere d'arte, libri preferiti o collezioni di oggetti di viaggio, questi tocchi personali non solo decorano lo spazio, ma lo rendono anche un'estensione della personalità dell'individuo, rendendolo un luogo veramente suo.

Creando un ambiente che promuova la calma e la serenità, è possibile costruire una base solida per la gestione dello stress quotidiano e per il sostegno della salute mentale. Questi spazi personalizzati diventano luoghi di rifugio e ricarica, essenziali per mantenere l'equilibrio in un mondo altrimenti caotico. Approfondire il ruolo di questi ambienti personalizzati è fondamentale per comprendere come possono essere utilizzati non solo per il recupero, ma anche per prevenire attivamente lo stress, tema che verrà esplorato nel seguente capitolo.

CAPITOLO 7: GESTIONE DELLO STRESS QUOTIDIANO

Riconoscere e affrontare le fonti di stress nella vita quotidiana è il primo passo cruciale per sviluppare una strategia efficace di gestione dello stress. Comprendere da dove proviene lo stress può aiutare a minimizzarne gli impatti e a migliorare la qualità della vita. Questo processo inizia con l'identificazione delle cause specifiche di stress e prosegue con l'applicazione di tecniche appropriate per ridurne gli effetti.

Il primo passo nel gestire lo stress è identificare le sue fonti. Questo può includere pressioni lavorative come scadenze imminenti o carichi di lavoro eccessivi, problemi relazionali sia in ambito familiare che sociale, preoccupazioni finanziarie, o anche questioni ambientali come il rumore urbano o l'inquinamento. Anche gli impegni quotidiani, come gestire la casa o le responsabilità parentali, possono contribuire significativamente al livello di stress percepito.

Una volta che le fonti di stress sono state identificate, il passo successivo è cercare di modificarle o gestirle. Nel contesto lavorativo, questo potrebbe significare migliorare le tecniche di gestione del tempo, delegare compiti quando possibile, o discutere con il supervisore per trovare soluzioni pratiche che possano alleggerire il carico di lavoro.

Parallelamente, è essenziale sviluppare un set di tecniche personali per la gestione dello stress. Questo può includere pratiche di rilassamento come la meditazione, la respirazione profonda, o esercizi fisici regolari che non solo migliorano la salute fisica ma anche mentale. Alcune persone potrebbero trovare utile l'adozione di hobby che distraggono e rilassano, come la lettura, il giardinaggio o l'arte.

Per affrontare lo stress finanziario, l'elaborazione di un budget dettagliato e il seguimento di un piano finanziario possono aiutare a ridurre l'ansia legata al denaro. Questo può includere la ricerca di consulenza finanziaria professionale per ottenere strategie su come gestire i debiti o come investire e risparmiare denaro in modo più efficace.

Infine, modificare l'ambiente fisico per ridurre il rumore e il disordine può aiutare a creare uno spazio di vita più tranquillo e meno stressante. Investire in isolamento acustico, utilizzare mascherine per gli occhi e tappi per le orecchie per migliorare la qualità del sonno sono esempi di come si possano mitigare gli effetti dello stress ambientale.

Adottare un approccio proattivo nella gestione delle fonti di stress e nell'applicazione di tecniche di mitigazione può notevolmente aumentare la resilienza agli stress quotidiani. Essere attrezzati con le conoscenze e gli strumenti per gestire efficacemente lo stress è essenziale per mantenere una salute mentale ottimale e per promuovere uno stile di vita bilanciato e soddisfacente.

Navigare lo stress sul posto di lavoro richiede strategie mirate, dato che l'ambiente lavorativo è spesso una fonte significativa di pressione per molti individui. L'implementazione di tecniche efficaci di gestione dello stress lavorativo non solo migliora la salute mentale e fisica dei dipendenti, ma contribuisce anche alla produttività e all'armonia generale dell'ambiente di lavoro.

Una delle strategie fondamentali è la negoziazione di confini chiari. Stabilire e mantenere confini chiari con i colleghi e i superiori può aiutare a gestire le aspettative e a ridurre il sovraccarico di lavoro. Questo include essere chiaro sulle proprie capacità e disponibilità e saper dire "no" in modo costruttivo quando necessario. Comunicare apertamente le proprie esigenze può prevenire incomprensioni e ridurre la pressione, permettendo agli impiegati di lavorare entro limiti sostenibili.

Altra tattica importante è la gestione efficace del tempo. Questo può includere la pianificazione di pause regolari per evitare l'esaurimento, l'uso di tecniche di gestione del tempo come la tecnica Pomodoro o la regola del 80/20, e la prioritizzazione delle attività secondo urgenza e importanza. Strutturare la giornata lavorativa con queste tecniche può diminuire la sensazione di essere sopraffatti e aumentare la sensazione di controllo sul proprio lavoro.

L'implementazione di programmi di benessere aziendale è un'altra strategia chiave. Molti datori di lavoro ora riconoscono il valore degli investimenti nel benessere dei loro dipendenti e offrono programmi che possono includere accesso a consulenza psicologica, abbonamenti a palestre, workshop su gestione dello stress e resilienza, o attività di team building che rafforzano il supporto sociale tra colleghi. Questi programmi non solo aiutano a mitigare lo stress sul posto di lavoro, ma incoraggiano anche uno stile di vita più sano.

Favorire una cultura aziendale che promuova la trasparenza e il supporto può anche ridurre significativamente lo stress lavorativo. Questo implica creare un ambiente in cui i dipendenti si sentono sicuri nell'esprimere le proprie preoccupazioni senza timore di ritorsioni e dove il supporto reciproco è una norma. Un ambiente lavorativo inclusivo e supportivo migliora il morale e riduce i livelli di stress tra i lavoratori.

Infine, l'auto-monitoraggio e l'auto-riflessione regolari sono essenziali per mantenere il benessere personale sul posto di lavoro. Gli individui dovrebbero valutare periodicamente il proprio livello di stress e considerare se le strategie attuali sono efficaci o se sono necessari aggiustamenti. Essere proattivi nella gestione dello stress lavorativo e adattare le strategie in base alle mutevoli circostanze può prevenire problemi a lungo termine e migliorare la soddisfazione lavorativa.

Adottare queste tecniche non solo crea un ambiente lavorativo più gestibile e meno stressante, ma stabilisce anche una base per una carriera più lunga e più produttiva. Con una migliore gestione dello stress sul lavoro, i dipendenti possono liberare energia da dedicare a migliorare il proprio equilibrio lavoro-vita.

In un mondo sempre connesso, dove la produttività è spesso valutata come il metro principale del successo, la capacità di staccarsi e godere del tempo libero diventa un aspetto fondamentale per il benessere psicologico. Il disimpegno sociale, o la capacità di prendersi pause consapevoli dalle interazioni sociali e dagli impegni lavorativi, è essenziale per ricaricare le energie mentali e mantenere un equilibrio tra la vita professionale e quella personale.

Il tempo libero, dedicato a passioni, hobby o semplicemente al riposo, è cruciale per ridurre lo stress accumulato e prevenire il burnout. Questi momenti permettono alla mente di riposarsi e di distogliersi dai pensieri ruminanti che possono emergere dopo lunghe ore di lavoro o durante periodi intensi di attività sociale. L'attività fisica, la lettura, l'arte o qualsiasi altro interesse personale possono servire come strumenti efficaci per distogliere l'attenzione da preoccupazioni e tensioni, promuovendo una sensazione di soddisfazione e realizzazione personale.

Il disimpegno sociale, tuttavia, non significa isolarsi o evitare il contatto con gli altri. Piuttosto, si tratta di trovare un equilibrio sano tra gli impegni sociali e il tempo dedicato a sé stessi. Imparare a riconoscere i segnali di esaurimento emotivo e a stabilire confini sani con amici, familiari e colleghi può aiutare a gestire meglio il proprio tempo e le proprie energie. La comunicazione aperta riguardo alla propria necessità di spazio e tempo può facilitare questo processo, consentendo agli altri di comprendere e rispettare le esigenze individuali.

Inoltre, l'integrazione di pratiche di mindfulness e meditazione nel proprio tempo libero può aumentare la consapevolezza del presente, riducendo la tendenza a soffermarsi su passato o futuro e mitigando i sentimenti di ansia. Queste pratiche possono creare uno spazio mentale in cui è possibile trovare pace e tranquillità, liberi dalle pressioni esterne.

Anche l'adozione di una routine serale che preveda un periodo di "disconnessione digitale" prima di andare a letto può contribuire significativamente a migliorare la qualità del riposo notturno. Limitare l'esposizione a schermi e notifiche nelle ore serali aiuta a ridurre l'iperstimolazione cerebrale, facilitando un addormentamento più rapido e un sonno più riparatore.

Infine, riconoscere l'importanza del tempo libero e del disimpegno sociale come componenti chiave per una vita equilibrata significa anche apprezzare il valore del "non fare nulla". Nella cultura dell'iperproduttività, questo può sembrare controintuitivo, ma permettersi momenti di assoluto riposo è fondamentale per la rigenerazione mentale e fisica.

Investire nel proprio benessere attraverso la gestione consapevole del tempo libero e la pratica del disimpegno sociale non solo migliora la salute mentale, ma arricchisce anche la qualità della vita, offrendo spazi per la crescita personale, la creatività e il piacere. Questi principi sono essenziali per costruire una strategia di vita resiliente che possa affrontare efficacemente lo stress.

Nell'era digitale, la tecnologia ha permeato quasi ogni aspetto della vita quotidiana, rendendo essenziale l'adozione di strategie per un suo uso equilibrato. Un uso eccessivo o mal gestito della tecnologia può portare a stress, distrazione e una diminuzione del benessere mentale, mentre un utilizzo consapevole e misurato può supportare e arricchire la vita personale e professionale.

Uno degli aspetti più critici dell'uso equilibrato della tecnologia è la gestione del tempo trascorso davanti agli schermi. La continua esposizione a computer, smartphone e altri dispositivi può portare a sovraccarico informativo, affaticamento visivo e interruzione dei ritmi circadiani, particolarmente se avviene in prossimità dell'orario di sonno. È consigliabile stabilire limiti chiari: ad esempio, dedicare blocchi di tempo specifici durante il giorno per controllare e-mail e social media, e evitare l'uso di dispositivi elettronici almeno un'ora prima di andare a letto.

Implementare "pause tecnologiche" durante il giorno può aiutare a ridurre la dipendenza dai dispositivi digitali e a incrementare la presenza mentale. Queste pause possono essere impiegate per fare una passeggiata, meditare, o semplicemente per godersi un momento di quiete senza distrazioni digitali. Ciò non solo aiuta a rinfrescare la mente, ma promuove anche una maggiore produttività e creatività quando si ritorna alle attività lavorative o personali.

Un altro aspetto importante è l'uso consapevole dei media. In un'epoca in cui le notizie e le informazioni sono costantemente a portata di mano, è facile sentirsi sopraffatti e ansiosi a causa di un flusso incessante di aggiornamenti spesso negativi. È utile selezionare fonti di informazione affidabili e limitare il tempo trascorso nella lettura di notizie, scegliendo specifici momenti della giornata per aggiornarsi senza permettere che queste interrompano continuamente la routine quotidiana.

La personalizzazione delle notifiche è un'altra strategia efficace per mantenere l'equilibrio tecnologico. Disattivare le notifiche non essenziali può notevolmente ridurre le interruzioni e lo stress associato alla necessità di essere sempre reattivi. Concentrarsi su notifiche relative a comunicazioni dirette o questioni urgenti può diminuire il carico di stress e aumentare la concentrazione.

Infine, è fondamentale creare spazi liberi da tecnologia in casa, come la camera da letto o la sala da pranzo, per incoraggiare interazioni umane di qualità senza distrazioni. Questi "santuari digitali" possono aiutare a rafforzare le relazioni personali e a garantire che i pasti o il tempo trascorso con la famiglia non siano interrotti da suonerie o vibrazioni.

Adottando questi approcci, è possibile godere dei benefici della tecnologia pur mantenendo un sano distacco che protegge e promuove la salute mentale. Queste strategie di utilizzo equilibrato della tecnologia non solo migliorano la qualità della vita ma forniscono anche le basi per relazioni interpersonali più forti e significative.

Nel contesto della salute mentale, le relazioni sociali giocano un ruolo cruciale. Avere una rete di supporto formata da amici, familiari e colleghi può fornire un significativo sollievo emotivo, oltre a offrire un senso di appartenenza e sicurezza. Pertanto, è fondamentale non solo mantenere, ma anche coltivare attivamente relazioni che siano supportanti e costruttive.

Il primo passo nel mantenere relazioni salutari è l'investimento di tempo ed energia nella comunicazione. Un dialogo aperto e onesto è essenziale per costruire e mantenere legami forti. Ciò include l'espressione di sentimenti, aspettative e preoccupazioni in modo chiaro e rispettoso, ascoltando attivamente e rispondendo con empatia. Mostrare interesse genuino per le esperienze e le emozioni degli altri rafforza la connessione e promuove un senso reciproco di fiducia e comprensione.

È altresì importante stabilire e rispettare i confini personali e quelli altrui. I confini sani sono fondamentali per qualsiasi relazione duratura e possono variare da limiti sul tempo e l'energia dedicati agli altri, a quelli riguardanti la privacy e le esigenze emotive. Discutere apertamente di questi confini e lavorare insieme per rispettarli può prevenire malintesi e ridurre il potenziale di conflitti.

Un altro elemento chiave è il supporto reciproco. Ciò significa offrire e chiedere aiuto quando necessario, che si tratti di supporto emotivo, consigli pratici o semplicemente un orecchio attento. Partecipare attivamente alla vita degli altri e dimostrare affidabilità nei momenti di bisogno rafforza le relazioni e crea una rete di sicurezza per tutti i membri coinvolti.

Festeggiare i successi degli altri è altrettanto importante quanto supportarsi nei momenti difficili. Essere un sostenitore entusiasta delle vittorie degli amici e dei familiari promuove una dinamica positiva e motivante all'interno del gruppo, incentivando tutti i membri a condividere liberamente i propri traguardi senza timore di invidia o competizione.

Infine, è essenziale essere proattivi nel risolvere i conflitti in modo costruttivo. Evitare il rancore e affrontare i disaccordi con l'obiettivo di trovare una soluzione comune aiuta a mantenere le relazioni forti e rispettose. Utilizzare tecniche di risoluzione dei conflitti come l'ascolto attivo, la negoziazione e il compromesso può trasformare potenziali rotture in opportunità per approfondire la comprensione reciproca e rafforzare i legami.

Mantenere relazioni sociali supportanti e costruttive non solo migliora la salute mentale individuale, ma arricchisce anche la comunità nel suo insieme, creando una cultura di supporto e collaborazione. Queste relazioni formano una base solida da cui affrontare le sfide della vita, preparando il terreno per ulteriori discussioni su come evitare le trappole mentali comuni, tema che sarà esplorato nel prossimo capitolo.

CAPITOLO 8: EVITARE LE TRAPPOLE MENTALI COMUNI

Le trappole mentali, o distorsioni cognitive, sono schemi di pensiero errati che possono distorcere la percezione della realtà, causando ansia, depressione e altre problematiche psicologiche. Identificarle e comprenderne il funzionamento è il primo passo per poterle contrastare efficacemente, riducendo così la loro influenza sulla salute mentale. Questo capitolo esplora alcune delle trappole mentali più comuni e suggerisce modi per evitare che queste alimentino ulteriormente la ruminazione.

Una delle trappole mentali più frequenti è il pensiero "tutto o niente", noto anche come pensiero dicotomico. Questo tipo di pensiero divide il mondo in categorie estreme, come successo o fallimento, senza spazio per le sfumature. Ad esempio, una persona potrebbe pensare di essere un totale fallimento se commette un piccolo errore sul lavoro. Per combattere questo schema di pensiero, è utile praticare il pensiero graduale, che riconosce una gamma di possibilità tra gli estremi. Adottare un approccio più flessibile può aiutare a vedere gli eventi in una prospettiva più equilibrata e meno critica.

Un'altra trappola comune è la catastrofizzazione, che porta a prevedere il peggior esito possibile di una situazione, anche quando ciò è estremamente improbabile. Questo può scatenare un notevole stress e ansia. Per mitigare questo schema, è utile esercitarsi nel valutare realisticamente le situazioni, chiedendosi quali sono le probabilità che l'esito temuto si verifichi davvero e quali altri esiti potrebbero essere più probabili.

Il filtro mentale è una distorsione che porta a focalizzarsi solo su determinati dettagli negativi, escludendo gli aspetti positivi o neutrali di una situazione. Questo può portare a una visione distorta della realtà, alimentando la depressione e la disperazione. Lavorare per ampliare la propria attenzione e considerare tutti gli aspetti di una situazione può aiutare a contrastare questa trappola.

L'etichettamento è un'altra trappola mentale pericolosa, dove si attribuisce a sé stessi o agli altri un'etichetta negativa basata su un errore o un evento isolato. Questo può danneggiare l'autostima e complicare le relazioni interpersonali. È importante sfidare questa abitudine sostituendo le etichette generalizzate con valutazioni specifiche e basate su fatti di comportamenti o eventi.

Infine, la personalizzazione porta a credere che si è la causa di eventi esterni negativi, che in realtà potrebbero non essere correlati alle proprie azioni. Per esempio, qualcuno potrebbe sentirsi responsabile del malumore di un amico, anche se le ragioni di tale umore sono completamente estranee. Riconoscere che non si ha controllo su molti aspetti della vita e che le altre persone hanno le loro battaglie interne può liberare da questa insidiosa trappola mentale.

Identificare e sfidare attivamente queste trappole mentali è vitale per prevenire che la ruminazione prenda il sopravvento, garantendo una vita più serena e mentalmente salutare. Queste tecniche di auto-riflessione e correzione cognitiva sono strumenti potenti per migliorare la propria salute mentale e per costruire una resilienza psicologica.

Il confronto sociale è un fenomeno quasi inevitabile nell'era digitale, dove le vite degli altri sembrano essere costantemente esposte e idealizzate sui social media. Tuttavia, cadere nella trappola del confronto sociale dannoso può portare a sentimenti di inadeguatezza, gelosia e insoddisfazione generale. Ecco perché è fondamentale sviluppare strategie per evitare queste comparazioni negative e promuovere una visione più sana di sé stessi e degli altri.

Innanzitutto, è importante riconoscere e accettare che le rappresentazioni sui social media sono spesso curate e non riflettono la realtà quotidiana delle persone. Queste piattaforme tendono a mostrare solo gli aspetti migliori della vita di una persona, trascurando i momenti di difficoltà o normalità che tutti sperimentano. Prendere coscienza di questa distorsione può aiutare a ridimensionare i confronti che si fanno guardando i profili altrui.

Un passo successivo utile è concentrarsi sul proprio percorso e sui propri successi. Ciò include valorizzare le proprie conquiste, indipendentemente dalla loro dimensione o riconoscibilità esterna. Impostare obiettivi personali e celebrare il raggiungimento di questi può ridurre la necessità di cercare conferme esterne e diminuire la propensione al confronto.

Per mitigare ulteriormente l'impatto del confronto sociale, può essere efficace limitare il tempo trascorso sui social media. Designare periodi specifici della giornata per la consultazione dei social e attenersi a questi limiti può aiutare a controllare l'esposizione a potenziali trigger di confronto. Inoltre, personalizzare i feed social per includere contenuti che ispirano e motivano piuttosto che quelli che inducono a confronti può cambiare drasticamente l'esperienza degli utenti su queste piattaforme.

Adottare una mentalità di abbondanza invece di una di scarsità è un altro approccio potente. Questo implica vedere il successo e la felicità come risorse non limitate; il successo di qualcun altro non diminuisce le possibilità di successo di un'altra persona. Con una mentalità di abbondanza, è possibile sentirsi ispirati dalle conquiste altrui piuttosto che minacciati o inadeguati.

Infine, investire in relazioni reali e significative può offrire prospettive più equilibrate e supporto emotivo. Conversazioni oneste con amici e familiari riguardo alle insicurezze possono rivelare che non si è soli nei propri sentimenti e che molti condividono le stesse sfide. Questo tipo di interazioni può rafforzare il senso di connessione e appartenenza, riducendo l'isolamento che spesso accompagna il confronto sociale negativo.

Sviluppando queste strategie, si può lavorare per costruire una sicurezza interiore che sia resiliente ai danni causati dai confronti sociali negativi. Queste tecniche non solo aiutano a mantenere un benessere psicologico sano, ma preparano anche il terreno per affrontare e gestire le aspettative personali e quelle altrui.

Gestire efficacemente le aspettative, sia proprie che di altre persone, è cruciale per mantenere la salute mentale e costruire relazioni soddisfacenti. Aspettative irrealistiche possono portare a frustrazione, stress e sentimenti di fallimento, mentre aspettative ben calibrate possono promuovere il successo e il benessere personale.

Per iniziare, è essenziale definire chiaramente le proprie aspettative. Ciò implica fare una valutazione onesta e realistica delle proprie capacità, risorse e limiti. Comprendere cosa si può ragionevolmente aspettare da sé stessi in vari contesti—lavorativi, sociali, familiari—aiuta a impostare obiettivi realizzabili che non sovraccaricano né conducono a delusioni costanti. Ad esempio, se si sta intraprendendo un nuovo progetto o hobby, è importante iniziare con aspettative modeste e aumentarle gradualmente man mano che si acquisisce esperienza e competenza.

Allo stesso modo, è fondamentale comunicare apertamente e chiaramente le proprie aspettative agli altri. Che si tratti di collaboratori di lavoro, partner di vita o amici, assicurarsi che tutti siano sulla stessa pagina può prevenire molti conflitti e malintesi. Questo include discutere le proprie necessità e desideri, ascoltare attivamente le aspettative altrui e negoziare accordi che rispettino i bisogni di tutte le parti coinvolte.

Un altro aspetto importante è imparare a gestire le aspettative degli altri senza compromettere le proprie esigenze. Spesso, le persone possono proiettare su di noi le loro speranze e pressioni, che possono essere poco realistiche o semplicemente non allineate con i nostri valori o priorità. Imparare a dire no, o a proporre alternative più gestibili, è una capacità critica che aiuta a mantenere l'equilibrio personale e a prevenire il sovraccarico di stress.

Inoltre, l'adattamento delle aspettative in risposta a cambiamenti inaspettati o a nuove informazioni è un'abilità vitale. La vita è imprevedibile, e la capacità di aggiustare le vele quando cambiano i venti può essere la chiave per navigare con successo le sfide emergenti. Questo può significare ricalibrare i propri obiettivi di carriera dopo un contrattempo, o modificare le aspettative personali in relazione agli altri quando si presentano nuove circostanze.

Infine, è utile praticare la gratitudine e l'accettazione come strumenti per bilanciare le aspettative. Essere grati per quello che si ha e accettare che alcune cose possono essere fuori dal nostro controllo aiuta a mitigare la delusione e a mantenere una prospettiva positiva, riducendo la pressione interna ed esterna.

Imparare a gestire saggiamente le aspettative proprie e altrui non solo facilita relazioni più armoniose e meno stressanti, ma rafforza anche la resilienza personale, permettendo di affrontare la vita con maggiore serenità e soddisfazione.

La procrastinazione e altri comportamenti auto-sabotanti possono ostacolare significativamente il benessere personale e il successo. Questi comportamenti spesso nascono da paura del fallimento, perfezionismo, o una mancanza di motivazione adeguata e possono portare a stress, ansia e una riduzione dell'autostima. Affrontare e superare questi ostacoli richiede un approccio strategico e intenzionale.

Un primo passo per combattere la procrastinazione è comprendere le sue cause. Spesso, le persone procrastinano perché si sentono sopraffatte dal compito che devono affrontare, non sono sicure di come iniziare, o temono di non essere all'altezza dell'incarico. Identificare questi motivi può aiutare a trovare soluzioni specifiche, come spezzare un grande progetto in compiti più piccoli e gestibili, che possono essere affrontati uno alla volta.

Impostare scadenze realistiche e create da sé può anche fornire la struttura necessaria per rimanere concentrati e motivati. Queste scadenze dovrebbero essere abbastanza sfidanti da stimolare l'azione, ma anche abbastanza flessibili da non causare stress eccessivo. L'uso di promemoria e allarmi può aiutare a mantenere il ritmo e a evitare la tentazione di rimandare.

Un altro strumento efficace nella lotta contro la procrastinazione è l'accountability. Condividere i propri obiettivi con un amico fidato, un collega o un coach può aumentare significativamente la propria responsabilità. Sapere che qualcun altro è a conoscenza dei propri obiettivi e scadenze può motivare a rispettarli per evitare di deludere non solo se stessi ma anche l'altra persona.

La visualizzazione positiva è una tecnica potente che può aiutare a combattere i comportamenti auto-sabotanti. Immaginarsi con successo completare un compito o raggiungere un obiettivo può rafforzare la determinazione e la fiducia in sé stessi. Questa pratica aiuta non solo a mantenere la concentrazione sugli obiettivi, ma anche a superare la paura del fallimento che spesso è alla base della procrastinazione.

Infine, è essenziale coltivare un ambiente di supporto. Circondarsi di persone che incoraggiano e sostengono i propri sforzi può fare una grande differenza nella capacità di superare la procrastinazione e altri comportamenti auto-sabotanti. Che si tratti di amici, familiari o colleghi, avere una rete di supporto può fornire l'incoraggiamento necessario per perseverare anche quando si affrontano sfide.

Prevenire e superare la procrastinazione e l'auto-sabotaggio non solo migliora la produttività e il successo, ma contribuisce anche a una maggiore soddisfazione personale e professionale. Queste strategie forniscono gli strumenti per affrontare efficacemente i compiti e le sfide, preparando il terreno per discutere come promuovere un'autostima sana e resiliente.

L'autostima sana e resiliente è fondamentale per la salute mentale complessiva di una persona. Essa influisce non solo su come ci si vede e si valuta se stessi, ma anche su come si interagisce con gli altri e si affrontano le sfide della vita. Promuovere e mantenere un'autostima robusta richiede impegno conscio e tecniche mirate che possono aiutare a costruire fiducia e resistenza agli inevitabili alti e bassi della vita.

Il primo passo verso la costruzione di un'autostima sana è il riconoscimento e l'accettazione di sé. Questo processo inizia con l'autovalutazione onesta delle proprie qualità e difetti. Accettare che tutti abbiamo punti di forza e aree di miglioramento può aiutare a creare una base realistica su cui costruire. È importante celebrare i propri successi, grandi e piccoli, e apprendere dai fallimenti senza giudizio eccessivo o critica personale.

Un aspetto chiave nell'alimentare un'autostima positiva è il dialogo interno. Le parole che usiamo con noi stessi possono avere un impatto profondo sulla nostra autopercezione. Praticare l'autocompassione, parlando con sé stessi in modo gentile e supportivo come si farebbe con un amico caro, può contrastare i pensieri negativi e autodistruttivi. Riconfigurare il dialogo interno da critiche dure a incoraggiamenti positivi è una strategia efficace per migliorare l'autostima.

Inoltre, stabilire e perseguire obiettivi personali può rafforzare significativamente l'autostima. Gli obiettivi forniscono un senso di direzione e scopo e raggiungerli produce un senso di realizzazione e fiducia. È essenziale che questi obiettivi siano specifici, misurabili, raggiungibili, rilevanti e limitati nel tempo (SMART) per massimizzare le possibilità di successo. Celebrare i progressi fatti verso questi obiettivi può anche aumentare la motivazione e la soddisfazione personale.

Un altro metodo efficace per costruire l'autostima è circondarsi di relazioni positive e supportanti. Gli altri possono essere una fonte significativa di feedback e sostegno. Avere una rete di supporto che incoraggia e riconosce i tuoi sforzi può rafforzare la percezione positiva di sé e attenuare l'impatto delle inevitabili sfide.

Infine, impegnarsi in attività che si allineano con i propri valori può contribuire a costruire un'autostima autentica. Fare scelte di vita che riflettano i propri principi fondamentali e passare tempo facendo cose che si trovano significative possono confermare il proprio senso di identità e valore.

Investire in queste aree non solo migliora l'autostima, ma prepara anche l'individuo a gestire meglio le situazioni stressanti e le sfide della vita. Con una forte autostima, le persone sono meglio equipaggiate per affrontare e superare gli ostacoli, pronte a intraprendere il cammino verso la resilienza psicologica, tema che sarà ulteriormente esplorato nel capitolo successivo.

CAPITOLO 9: COSTRUIRE LA RESILIENZA PSICOLOGICA

La resilienza psicologica rappresenta la capacità di una persona di affrontare e superare le avversità, mantenendo o ritornando rapidamente a un livello di funzionamento psicologico ottimale. Questa capacità è fondamentale per la salute mentale, in quanto permette agli individui di navigare attraverso le sfide della vita con maggiore efficacia, riducendo il rischio di sviluppare disturbi psicologici a lungo termine.

Essere resilienti non significa non sperimentare dolore o difficoltà, ma piuttosto avere la forza di affrontarli e emergere da essi più forti. La resilienza è spesso descritta come un processo dinamico che coinvolge l'adattamento positivo di fronte alle sfide. Questa capacità non è un tratto fisso, ma può essere sviluppata e rafforzata nel tempo con le giuste strategie e supporti.

Uno degli aspetti fondamentali della resilienza è la percezione positiva di sé e la fiducia nelle proprie capacità. Avere una forte autostima e credere nella propria efficacia personale aiuta gli individui a prendere iniziative e ad affrontare attivamente le difficoltà anziché evitarle. Questo senso di autoefficacia è spesso alimentato dall'esperienza di superare le sfide passate, che serve come fondamento per affrontare nuove situazioni stressanti.

Un altro pilastro della resilienza psicologica è la capacità di regolare le proprie emozioni. Saper gestire reazioni emotive intense è cruciale durante i periodi di stress. Tecniche come la mindfulness, la meditazione e la respirazione consapevole possono aiutare gli individui a mantenere la calma e a prendere decisioni riflettute anche sotto pressione. La regolazione emotiva permette non solo di superare momenti difficili, ma anche di trarne insegnamenti e opportunità di crescita personale.

La resilienza si nutre anche di relazioni di supporto. Avere una rete solida di amici, familiari e colleghi che offrono supporto emotivo e pratico può aumentare significativamente la capacità di una persona di superare le avversità. Queste relazioni forniscono conforto e consiglio, riducono la sensazione di isolamento e possono offrire nuove prospettive e risorse per risolvere i problemi.

Inoltre, la capacità di adattarsi ai cambiamenti è essenziale per la resilienza. In un mondo in continua evoluzione, essere flessibili e aperti a nuove modalità di pensiero e comportamento può facilitare l'adattamento a nuove condizioni di vita e lavorative. Questo implica accettare che il cambiamento è una parte inevitabile della vita e vedere le situazioni in evoluzione non come minacce, ma come occasioni per imparare e crescere.

Infine, coltivare un senso di scopo e avere obiettivi chiari può guidare gli individui attraverso i tempi difficili. Sapere perché si sta lavorando sodo o affrontando una sfida può fornire la motivazione necessaria per perseverare quando si potrebbe altrimenti arrendersi.

Sviluppare la resilienza psicologica è quindi un elemento chiave per una vita soddisfacente e produttiva. Offre gli strumenti non solo per sopravvivere, ma per prosperare di fronte alle sfide.

In un mondo in rapido cambiamento, la capacità di tollerare l'incertezza e adattarsi al cambiamento è più cruciale che mai. Sviluppare la tolleranza all'incertezza non solo aiuta a navigare efficacemente attraverso le sfide, ma anche a sfruttare le opportunità che questi cambiamenti possono portare. Esistono diverse tecniche e strategie che possono essere impiegate per aumentare questa capacità, contribuendo a una maggiore resilienza e benessere psicologico.

Una tecnica fondamentale è il rafforzamento della flessibilità cognitiva, che implica la capacità di pensare a più soluzioni possibili e di adattarsi rapidamente a nuove informazioni o situazioni. Questo può essere praticato attraverso attività che stimolano il cervello come i giochi di problem-solving, il learning continuo attraverso libri e corsi, o anche la pratica di hobby che richiedono creatività e adattamento, come l'arte o la musica. Incrementare la flessibilità cognitiva aiuta a vedere i cambiamenti non come minacce, ma come una serie di possibilità e opportunità.

Un altro aspetto importante è la pratica della mindfulness e dell'accettazione. Essere presenti e consapevoli del momento attuale senza giudizio permette di affrontare l'incertezza con maggiore equanimità. La mindfulness aiuta a osservare i propri pensieri e sentimenti riguardo al cambiamento senza esserne sopraffatti, promuovendo una risposta più calma e misurata. Tecniche come la meditazione guidata, la scansione corporea e la respirazione consapevole possono essere utili strumenti per coltivare questa pratica.

L'implementazione di routine quotidiane, pur mantenendo una certa flessibilità, può anche fornire una base di stabilità quando tutto il resto sembra incerto. Avere alcune costanti nella propria vita, come orari regolari per i pasti, l'esercizio fisico, e il tempo dedicato a sé stessi, può fornire un senso di normalità e controllo.

Incoraggiare il dialogo interno positivo è essenziale per costruire la tolleranza all'incertezza. Sostituire pensieri che predicono esiti negativi o che esprimono paura del futuro con affermazioni che riconoscono la propria capacità di gestire qualunque situazione possa emergere rafforza la fiducia in sé stessi e riduce l'ansia.

Infine, è importante ricercare supporto quando necessario. Condividere le proprie preoccupazioni e paure con amici fidati, familiari, o professionisti può alleviare il peso emotivo dell'incertezza. Queste conversazioni possono non solo fornire conforto, ma anche nuove prospettive e strategie per affrontare il cambiamento.

Sviluppare la tolleranza all'incertezza è un processo continuo che richiede impegno e pratica. Tuttavia, con le giuste strategie, è possibile trasformare la paura del cambiamento in una proattiva accettazione del nuovo. Questa capacità è fondamentale non solo per la crescita personale, ma anche per mantenere e promuovere la salute mentale in un mondo che cambia rapidamente.

L'auto-compassione è una componente fondamentale nel processo di guarigione psicologica e nella gestione delle sfide della vita. Essa implica essere gentili con sé stessi nei momenti di fallimento o di dolore, riconoscendo che soffrire e commettere errori è parte dell'esperienza umana. Sviluppare un atteggiamento di auto-compassione può significativamente migliorare la salute mentale, aumentare la resilienza e favorire una più rapida ripresa da periodi di stress e depressione.

Una delle chiavi per coltivare l'auto-compassione è cambiare il modo in cui ci si relaziona ai propri pensieri e sentimenti. Spesso, le persone sono molto più dure con sé stesse di quanto lo sarebbero con gli altri, criticando e giudicando severamente i propri errori e debolezze. Per sviluppare l'auto-compassione, è essenziale imparare a trattare se stessi con la stessa gentilezza e comprensione che si offrirebbe a un buon amico. Ciò include accettare che essere imperfetti e vulnerabili è normale, e non un segno di debolezza.

Praticare la mindfulness è un altro aspetto importante dell'auto-compassione. Essere consapevoli e presenti con i propri pensieri e sentimenti senza giudicarli permette di affrontare le emozioni negative più direttamente e costruttivamente. La mindfulness aiuta a riconoscere e accettare le proprie esperienze senza sopraffarsi, offrendo uno spazio per elaborare i sentimenti in modo che non contribuiscano a un ciclo di auto-critica e negatività.

Un altro elemento dell'auto-compassione è comprendere il concetto di umanità condivisa. Riconoscere che la sofferenza è un'esperienza universale può aiutare a sentirsi meno isolati nei propri problemi. Questo senso di collegamento con gli altri può offrire conforto e ridurre i sentimenti di solitudine e disconnessione, che spesso accompagnano periodi di stress psicologico.

L'auto-motivazione compassionevole può essere praticata anche attraverso affermazioni e ricordi positivi che rafforzano l'auto-valore e promuovono un'impostazione mentale orientata alla crescita piuttosto che alla limitazione. Esercitarsi a focalizzarsi sulle proprie qualità e sui successi, piuttosto che sugli errori o sulle carenze, può migliorare l'autostima e stimolare ulteriori sforzi verso la realizzazione personale.

Infine, è utile stabilire routine che incoraggino l'auto-compassione. Questo potrebbe includere scrivere un diario di gratitudine, praticare esercizi di respirazione o yoga, o dedicare tempo a hobby che si amano. Queste attività non solo alleviano lo stress, ma anche nutrono lo spirito e rafforzano un rapporto di cura con sé stessi.

Coltivare l'auto-compassione non è un processo che si realizza da un giorno all'altro, ma un impegno continuo verso sé stessi. Facendo dell'auto-compassione una pratica quotidiana, si possono superare le avversità con maggiore facilità e supportare un processo di guarigione più completo e sostenibile.

Affrontare e superare le sfide può essere una delle esperienze più trasformative nella vita di una persona. Invece di vedere le difficoltà e gli ostacoli come blocchi stradali insormontabili, è possibile vederli come opportunità per la crescita personale e lo sviluppo. Imparare a utilizzare le esperienze passate, sia positive che negative, come trampolini di lancio, può arricchire la resilienza e promuovere un senso di progresso e scopo nella vita.

Il primo passo per trasformare le sfide in opportunità è la riflessione. Dedicare tempo per riflettere sugli eventi passati e sulle proprie reazioni può fornire intuizioni preziose su come si affrontano le avversità. Questa pratica può aiutare a identificare modelli di pensiero e comportamenti che sono stati utili o, al contrario, che hanno impedito un'efficace risoluzione dei problemi.

Riflettere permette anche di riconoscere e celebrare i successi, rinforzando la fiducia nelle proprie capacità di affrontare future sfide.

Incorporare l'apprendimento dalle esperienze passate è fondamentale per il miglioramento personale. Ciò implica identificare le lezioni apprese da ogni situazione e ponderare come queste possano essere applicate in contesti futuri. Ad esempio, se un progetto al lavoro non è andato come sperato, analizzare cosa ha funzionato e cosa no può guidare miglioramenti nei progetti futuri. Questo tipo di apprendimento attivo non solo migliora le competenze e le strategie di coping, ma anche eleva la propria efficacia personale e professionale.

Un altro elemento importante è sviluppare la resilienza attraverso la pratica della gratitudine per le lezioni apprese. Riconoscere che ogni sfida porta con sé una possibilità di crescita cambia la percezione delle avversità da ostacoli a gradini verso il successo. Praticare la gratitudine per le sfide può trasformare l'atteggiamento verso le difficoltà, rendendo più facile affrontarle con positività e determinazione.

Inoltre, è utile costruire una rete di supporto che incoraggi la riflessione e la crescita. Condividere le proprie esperienze con amici fidati, mentori o consiglieri può non solo fornire supporto emotivo, ma anche offrire nuove prospettive e suggerimenti. Queste conversazioni possono rivelare approcci alternativi e soluzioni creative che potrebbero non essere stati considerati inizialmente.

Infine, stabilire obiettivi futuri basati sulle esperienze passate consolida ulteriormente il processo di crescita personale. Questi obiettivi dovrebbero essere specifici, misurabili, raggiungibili, rilevanti e limitati nel tempo (SMART), e dovrebbero riflettere sia le aspirazioni personali che le lezioni apprese. Stabilire e perseguire tali obiettivi può motivare un continuo impegno verso l'auto-miglioramento e il benessere.

Utilizzare le sfide passate come trampolino di lancio per la crescita personale non solo aumenta la resilienza e la capacità di adattamento, ma arricchisce anche la vita con un senso di scopo e realizzazione.

La gratitudine è più di un semplice ringraziamento; è una potente pratica che può trasformare la percezione della vita, migliorare la salute mentale e rafforzare le relazioni. Integrare la gratitudine nella routine quotidiana non è solo un esercizio di riflessione, ma una strategia concreta per vivere una vita più felice e soddisfacente.

Praticare la gratitudine regolarmente aiuta a focalizzare l'attenzione sulle cose positive della vita, riducendo l'importanza di quelle negative. Questo reindirizzamento cognitivo può diminuire i livelli di stress, migliorare l'umore e aumentare la soddisfazione generale per la vita. Inoltre, studi hanno dimostrato che la gratitudine può anche avere effetti benefici sulla salute fisica, inclusi miglioramenti nella qualità del sonno e riduzione della pressione arteriosa.

Per iniziare a integrare la gratitudine nella vita quotidiana, una pratica utile è tenere un diario della gratitudine. Ogni giorno, scrivere tre cose per le quali si è grati può aiutare a sviluppare un'abitudine positiva che cambia il modo in cui si vedono le sfide e le interazioni quotidiane. Questi appunti non devono essere grandi eventi; anche piccole cose come un caffè al mattino o un momento tranquillo possono essere motivi di gratitudine.

Un'altra tecnica è l'uso delle meditazioni guidate sulla gratitudine. Queste sessioni aiutano a centrare i pensieri e a calmare la mente, concentrandosi sulla riconoscenza per le persone, le esperienze e i possedimenti nella propria vita. Meditare sulla gratitudine prima di dormire, per esempio, può migliorare la qualità del riposo notturno e l'atteggiamento al risveglio.

Incorporare la gratitudine nelle interazioni quotidiane è altrettanto importante. Prendersi il tempo per ringraziare sinceramente gli altri non solo migliora le relazioni, ma rafforza anche la rete di supporto sociale. Questo può includere ringraziare un collega per l'aiuto in un progetto, esprimere apprezzamento per un amico che ascolta durante un momento difficile, o semplicemente riconoscere gli sforzi di un familiare in casa.

Praticare la gratitudine può anche estendersi oltre l'ambito personale e diventare un'azione comunitaria. Partecipare o avviare iniziative di volontariato, per esempio, può essere un modo per dare indietro e sentire una più profonda connessione con la comunità. Queste esperienze non solo espandono la propria rete di relazioni, ma possono anche offrire nuove prospettive e motivi per essere grati.

Infine, è essenziale rendere la pratica della gratitudine un rituale quotidiano che non viene trascurato anche durante i periodi di alta tensione o difficoltà. La gratitudine non è solo per i momenti di gioia, ma è un potente strumento per navigare attraverso i periodi turbolenti, fornendo una base stabile di positività e speranza.

Integrare la gratitudine nella vita quotidiana crea un circolo virtuoso di positività che non solo migliora la propria vita, ma può anche ispirare gli altri a fare lo stesso. Con una pratica costante, la gratitudine può diventare una componente fondamentale del benessere personale e della crescita, preparando il terreno per mantenere e consolidare i progressi ottenuti nel controllo del sovrappensiero, tema che verrà esplorato nel capitolo successivo.

CAPITOLO 10: VERSO UN FUTURO DI PACE INTERIORE

Mantenere e consolidare i progressi nel controllo del sovrappensiero è essenziale per garantire una salute mentale duratura e per evitare ricadute in vecchi schemi di pensiero negativo. Questo processo richiede un impegno costante e l'adozione di strategie efficaci che sostengano le abilità acquisite e favoriscano una continua evoluzione personale.

Un primo passo fondamentale è la consapevolezza continua delle proprie tendenze mentali. Essere attenti ai segnali di ruminazione o di pensieri ossessivi consente di intervenire precocemente prima che questi prendano il sopravvento. La pratica regolare della mindfulness e della meditazione può aiutare a mantenere questa consapevolezza, offrendo strumenti per distaccarsi dai pensieri negativi e per osservarli senza giudizio. Queste tecniche non solo riducono il sovrappensiero, ma rafforzano anche la capacità di vivere nel presente, riducendo ansia e stress.

È inoltre cruciale continuare a utilizzare e affinare le strategie di coping che si sono rivelate efficaci. Che si tratti di tecniche di respirazione, di distrazione o di ristrutturazione cognitiva, l'applicazione regolare di questi metodi rafforza le abilità di gestione dei pensieri e previene la loro automaticità. Incorporare queste pratiche nella routine quotidiana assicura che rimangano strumenti vivi e accessibili, pronti per essere utilizzati quando necessario.

Un altro aspetto importante è la valutazione periodica del proprio stato mentale. Questo può includere revisioni regolari con un terapeuta, se applicabile, o autovalutazioni tramite diari di pensiero e riflessioni personali. Queste revisioni possono aiutare a identificare modelli o situazioni che possono indurre al sovrappensiero e permettono di modificare o adattare le strategie di coping in base alle nuove circostanze o sfide.

L'impegno in attività che promuovano il benessere psicologico complessivo è anche essenziale. Questo può significare mantenere un equilibrio tra lavoro e vita privata, dedicarsi a hobby e interessi che arricchiscono la vita, e coltivare relazioni significative. Un approccio olistico alla propria vita riduce la probabilità di stress eccessivo e supporta una mentalità più equilibrata e felice.

Infine, la costruzione di un ambiente supportivo è cruciale. Circondarsi di persone che comprendono e supportano i tuoi sforzi per controllare il sovrappensiero può fornire un ulteriore livello di incoraggiamento e aiuto. Inoltre, creare un ambiente domestico e lavorativo che riduca lo stress e promuova la serenità può contribuire significativamente al mantenimento dei progressi ottenuti.

Consolidare i progressi nel controllo del sovrappensiero è un processo dinamico che richiede dedizione e attenzione costanti. Con le giuste strategie e supporti, è possibile non solo mantenere i benefici ottenuti, ma anche costruire una fondazione ancora più robusta per la salute mentale futura.

Sviluppare un percorso di crescita personale a lungo termine è essenziale per garantire che i progressi ottenuti nel controllo del sovrappensiero e nella gestione della salute mentale non siano solo temporanei, ma diventino una parte stabile e in continua evoluzione della propria vita. Questo processo richiede pianificazione, riflessione e un impegno costante verso l'auto-miglioramento.

Stabilire obiettivi chiari e misurabili è il primo passo nel pianificare un percorso di crescita personale. Gli obiettivi devono essere specifici, raggiungibili, rilevanti e limitati nel tempo (SMART). Essi possono riguardare vari aspetti della vita, come lo sviluppo professionale, il miglioramento delle relazioni personali, la salute fisica e mentale, o l'acquisizione di nuove abilità. Definire questi obiettivi in modo chiaro aiuta a focalizzare le proprie energie e a monitorare i progressi nel tempo.

La riflessione regolare è un altro componente cruciale. Dedicare tempo per valutare dove ci si trova rispetto agli obiettivi e per riflettere sui metodi che funzionano o che necessitano di aggiustamenti può accelerare il processo di crescita. Questo può includere la revisione periodica dei diari personali, la meditazione su ciò che è stato appreso e l'adattamento degli obiettivi in base ai cambiamenti nelle circostanze personali o professionali.

L'apprendimento continuo è fondamentale. Il mondo è in costante evoluzione, e mantenere una mentalità aperta all'apprendimento permette di adattarsi più facilmente ai cambiamenti e di sfruttare nuove opportunità. Questo può significare perseguire corsi di formazione, leggere libri, partecipare a workshop o seminari, o semplicemente esplorare nuove aree di interesse che possono arricchire la comprensione del mondo e di sé stessi.

La costruzione di reti di supporto robuste è essenziale per il sostegno e la motivazione nel percorso di crescita. Questo include coltivare relazioni significative con mentori, colleghi e amici che condividono o supportano i tuoi obiettivi. Avere una comunità di persone che incoraggiano e offrono feedback costruttivi può essere una risorsa inestimabile nel perseguire e mantenere i propri obiettivi a lungo termine.

L'integrazione di abitudini sane nella routine quotidiana aiuta a consolidare i cambiamenti positivi e a renderli parte integrante della vita quotidiana. Ciò può includere pratiche come l'esercizio regolare, una dieta equilibrata, abitudini di sonno salutari, e tempo dedicato a hobby e interessi che rilassano e stimolano allo stesso tempo.

Infine, è importante mantenere la flessibilità nel proprio percorso di crescita personale. Mentre gli obiettivi a lungo termine forniscono direzione e motivazione, essere in grado di adattarsi alle nuove informazioni e alle circostanze inaspettate è essenziale. Questo significa essere disposti a rivedere e aggiustare i piani quando necessario, per rimanere allineati con i propri valori e con le realtà cambiante della vita.

Con questi strumenti e strategie, è possibile non solo mantenere i progressi già fatti ma anche continuare a crescere e svilupparsi.

La presenza di una rete di supporto solida è fondamentale per la gestione efficace della salute mentale. Questa rete può comprendere familiari, amici, colleghi, professionisti della salute mentale e gruppi di supporto comunitari. Una rete di supporto ben strutturata offre conforto, consiglio, comprensione e risorse pratiche, essenziali per affrontare le sfide quotidiane e i periodi di crisi.

Uno degli aspetti più importanti di una rete di supporto è il sostegno emotivo che essa può offrire. Avere persone su cui contare per discutere apertamente dei propri problemi può alleviare significativamente lo stress e l'ansia. Queste conversazioni possono aiutare a mettere le proprie esperienze in prospettiva e a sentirsi meno soli nei momenti di difficoltà.

Oltre al sostegno emotivo, i membri della rete di supporto possono offrire aiuto pratico. Questo può includere assistenza nelle attività quotidiane, supporto nella gestione delle responsabilità domestiche o professionali quando si è sopraffatti, o anche l'accompagnamento a appuntamenti medici. Questo tipo di supporto può ridurre il carico di stress e permettere di concentrarsi sulla propria guarigione.

Gli amici e i familiari possono fornire feedback preziosi su come si sta gestendo una situazione di stress o una crisi di salute mentale. Questo feedback può essere fondamentale per vedere le cose da una nuova prospettiva e per trovare nuove strategie di coping. Inoltre, i professionisti della salute mentale nella rete possono offrire guida e consigli basati su conoscenze e competenze cliniche.

Ricevere validazione da altri per i propri sentimenti ed esperienze può essere incredibilmente curativo. Essere riconosciuti nelle proprie lotte e successi può rafforzare l'autostima e promuovere ulteriori progressi nella gestione della salute mentale.

Una rete di supporto efficace incoraggia non solo a prendersi cura di sé, ma anche a perseguire obiettivi personali e professionali. Questo incoraggiamento può motivare ad adottare comportamenti salutari, a cercare attivamente soluzioni ai problemi e a non arrendersi di fronte alle sfide.

Le reti di supporto possono anche facilitare l'accesso a risorse utili, come informazioni su trattamenti, terapie, gruppi di supporto locali o risorse online. Questo è particolarmente importante per coloro che potrebbero non avere le conoscenze o i mezzi per cercare aiuto da soli.

Sviluppare e mantenere una rete di supporto richiede sforzi consapevoli e reciprocità. È importante non solo prendere ma anche dare supporto agli altri, creando così una dinamica di sostegno equilibrata e sostenibile. Investire tempo e energia per coltivare queste relazioni è essenziale, poiché una rete di supporto forte non solo migliora la capacità di gestire la salute mentale, ma arricchisce anche la qualità della vita in generale.

Con una rete di supporto robusta e attiva, individui possono navigare più facilmente attraverso i periodi di stress e crisi, emergendo non solo intatti ma spesso rafforzati.

La valutazione periodica dei propri schemi di pensiero e dei progressi è una pratica cruciale per chiunque sia impegnato in un percorso di crescita personale e di gestione della salute mentale. Questo processo non solo permette di monitorare l'efficacia delle strategie adottate, ma anche di apportare le necessarie modifiche e aggiustamenti per assicurare che gli obiettivi di benessere continuino a essere perseguiti efficacemente.

Il primo passo nella valutazione periodica è l'auto-osservazione attenta e continua. Questo implica prendersi il tempo per riflettere sui propri pensieri, emozioni e comportamenti. Tenere un diario personale può essere un metodo efficace per tracciare queste riflessioni, fornendo una cronaca dettagliata che può essere rivista nel tempo per identificare schemi o cambiamenti. Scrivere aiuta a esternalizzare i pensieri e a considerarli da una prospettiva più oggettiva, facilitando la riconoscenza di tendenze distruttive come il sovrappensiero o la procrastinazione.

Oltre all'auto-osservazione, ottenere feedback esterni è fondamentale. Questo può provenire da terapisti, coach di vita, mentori, o persino amici e familiari fidati. Le persone esterne possono spesso vedere aspetti del nostro comportamento che noi stessi non riconosciamo e possono offrire prospettive diverse che arricchiscono la nostra comprensione di noi stessi e delle nostre situazioni.

Un'altra componente importante della valutazione periodica è la revisione degli obiettivi personali. Questo processo dovrebbe verificare se gli obiettivi inizialmente stabiliti sono ancora rilevanti e raggiungibili, considerando le circostanze attuali. Ad esempio, se gli obiettivi erano relativi al miglioramento delle relazioni interpersonali, valutare i progressi potrebbe implicare riflettere su come sono cambiate queste relazioni e se le tecniche usate per migliorarle sono state efficaci.

L'implementazione di strumenti e metriche specifici può aiutare a rendere questa valutazione più oggettiva e meno suscettibile a distorsioni personali. Ad esempio, scale di autovalutazione per misurare livelli di stress o ansia possono fornire dati concreti che mostrano tendenze nel tempo, mentre app di benessere possono tracciare modelli di sonno, alimentazione, o attività fisica che influenzano il benessere mentale.

Basandosi sui risultati di queste valutazioni, è essenziale essere pronti a fare aggiustamenti. Questo può significare cambiare le tecniche di coping, provare nuovi approcci, o anche riformulare gli obiettivi per meglio allinearli con le proprie capacità e circostanze attuali. La flessibilità e l'adattamento sono cruciali, poiché il percorso di crescita personale non è lineare e può richiedere diversi tentativi e approcci per trovare ciò che funziona meglio.

Concludendo, la valutazione periodica dei propri schemi di pensiero e dei progressi è un elemento chiave per mantenere e rafforzare la gestione della salute mentale. Questo processo continuo di riflessione e aggiustamento garantisce che si possano sostenere e amplificare i benefici ottenuti, preparando il terreno per esplorare riflessioni finali e incoraggiamenti per il lettore nel suo viaggio verso la pace interiore.

mentre giungiamo alla conclusione di questo libro, è importante riflettere sui passaggi intrapresi e sulle conoscenze acquisite. Ogni capitolo ha offerto strumenti e intuizioni per aiutarti a navigare le sfide della salute mentale e a coltivare una maggiore serenità interiore. Questo ultimo segmento è dedicato a consolidare questi apprendimenti e a incoraggiarti a continuare il tuo viaggio con fiducia e speranza.

La prima cosa da fare è assicurarsi che le strategie apprese non siano semplicemente comprese, ma integrate nella tua vita. Questo potrebbe significare stabilire routine quotidiane che includono pratiche di mindfulness, esercizi di gratitudine, o tecniche di gestione dello stress. La chiave è la costanza; la salute mentale, come la salute fisica, richiede cura continua e attenzione.

La pace interiore non è una destinazione finale, ma un percorso di crescita continua. Anche dopo aver chiuso questo libro, ci saranno sempre nuove sfide e opportunità per imparare e adattarsi. Rimani aperto all'apprendimento continuo, che si tratti di leggere ulteriori materiali, partecipare a workshop o semplicemente impegnarti in conversazioni significative con gli altri. Ogni esperienza è un'opportunità per espandere la tua comprensione e la tua capacità di gestire la tua salute mentale.

Non dimenticare l'importanza di coltivare e mantenere una solida rete di supporto. Le relazioni sono fondamentali non solo per il sostegno emotivo, ma anche come fonte di feedback e incoraggiamento. Condividi i tuoi progressi e le tue sfide con persone fidate; la condivisione può renderti più resiliente e meno incline a sentirsi isolato nei momenti difficili.

Sii flessibile e adatta le strategie apprese alle tue esigenze personali. Ciò che funziona per altri potrebbe non essere perfetto per te, e va bene. L'importante è mantenere una mentalità aperta e sperimentare con diversi approcci fino a trovare quelli che ti sono più utili.

Infine, ti incoraggio a guardare al futuro con ottimismo. Nonostante le inevitabili difficoltà che la vita può presentare, hai ora una cassetta degli attrezzi più ricca per affrontarle. Ricorda, la resilienza e la pace interiore sono costruite attraverso la pratica continua e la determinazione.

Mentre continui il tuo viaggio, considera questo libro non come una lettura una tantum, ma come una risorsa a cui puoi tornare quando ne hai bisogno. Le strategie e le riflessioni contenute nelle

pagine possono servire come un promemoria delle tue capacità e del tuo potenziale per vivere una vita piena e serena.

Con queste riflessioni e incoraggiamenti, ti auguro il meglio nel tuo percorso continuo verso una maggiore serenità e benessere. Ricorda sempre che ogni passo, anche il più piccolo, è un progresso verso la pace interiore e una migliore comprensione di te stesso e del mondo intorno a te.

Se pensi che questo libro ti sia piaciuto e ti abbia aiutato ti chiedo solo di dedicare pochi secondi a lasciare una breve recensione su Amazon!

Grazie,

Paolo Marini